BLOODY HISTORY OF LONDON

伦敦血色历史

[英]约翰·莱特 著　　张潇月 译

SPM
南方传媒　广东人民出版社
·广州·

目录

引　言

伦敦的漫长历史充满光荣与痛苦。市民目睹了众多征服者的来来去去，也见证着这座城市逐步成为世界帝国的中心。但这荣耀的背后，却隐藏着一段血腥的历史。

对页图：伦敦乃至英格兰的历史初期，居民的生活总是阴冷而短暂，但当地居民最深重的苦难来自那些入侵者，尤其是狂暴的罗马人和凶残的维京人。

世界上很少有大城市能与伦敦的美丽与力量相抗衡。作为英国的首都，伦敦在自己的非凡历史中向来都是文化、贸易、工业和金融的中心。活力四射的伦敦城从罗马人的定居地发展成地球上最大帝国的"心脏"，一直以来鼓舞着国王，也同样鼓舞着人民。英国作家、幽默大师塞缪尔·约翰逊（Samuel Johnson）有一句名言："当你厌倦了伦敦，你就厌倦了人生。"

然而，伦敦的生活也时常充斥着野蛮、暴力和紧张。在两千年的历史中，伦敦人经历过瘟疫、火灾、暴乱、革命和数不尽的谋杀。死亡的方式有很多种，从王法之下用斧头、尖桩和绳子处决，到黑暗后街的连环杀人案，再到放射性毒物与恐怖主义袭击的现代谋杀。

丑闻也从未退出过这座城市的历史舞台。1660 年，斯图亚特王朝复辟，带来一场恣意的享乐放荡。1720 年，内幕交易产生了"南海泡沫"，许多人的生活因为它的破灭而毁于一旦。犯过罪的名人包括 1868 年的未来国王爱德华七世（Edward VII）、1895 年的剧作家奥斯卡·王尔德（Oscar Wilde），以及 1963 年（彼时伦敦人正尽情享受着"摇摆 60 年代"）的陆军大臣约翰·普罗富莫（John Profumo）。

早期战争

公元 43 年，罗马帝国大举入侵并击溃了早期伦敦的当地部落，这是最早有记载的暴力事件。在此期间，部落女王布狄卡（Boudica）带领爱西尼人（Iceni）的反抗愈战愈勇，但这场起义在公元 61 年落下血腥的帷幕，以失败而告终。此后的起义都很快遭到镇压，直到罗马在公元 410 年撤军。之后几个世纪里，当地部落为争夺权力而不断征战，进入 9

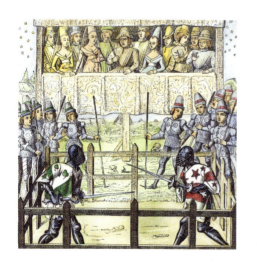

左图：中世纪曾利用有组织的决斗来化解争端分歧、赢得奖励荣誉。盎格鲁－诺曼（Anglo-Norman）时期，法律也采用过这种武力审判，允许某些嫌疑人委派他人参加决斗，视其结果来定罪。

世纪后又得抵御维京人的进犯。

1066 年，伦敦再次陷落。"征服者"威廉击败了英格兰军队，于圣诞节那天在城市中加冕为王。

王冠的残暴

英国的君主为伦敦带来了财富与美誉，但也行使着残暴、致命的统治权力。在中世纪，伦敦见证了 1170 年亨利二世（Henry II）下令刺杀坎特伯雷大主教托马斯·贝克特（Thomas Becket）。据说在 1483 年，理查三世（Richard III）在以酷刑著称的伦敦塔中杀害了自己两名年幼的侄子。16 世纪，有过六任妻子的亨利八世（Henry VIII）将两任妻子送上了伦敦塔的断头台，其成为英格兰最为声名狼藉的国王。

但并非只有国王才是残暴的统治者。1554 年，玛丽·都铎（Mary Tudor）将"九日女王"简·格雷（Lady Jane Grey）斩首，从此得名"血腥玛丽"（Bloody Mary）。作为玛丽一世的她下令以火刑处决了大约 280 名新教徒，其中还包括当时的坎特伯雷大主教。

1649 年，查理一世（Charles I）的公开被斩标志着这段残暴统治历史的终结。但二十年后，伦敦人发现他们面临着更大的灾难——大瘟疫夺去了六万人的性命；著名的伦敦大火灾整整肆虐了四天四夜，几乎只留下这座城市的五分之一。

最为恶劣的谋杀

统治者已经残暴至极，但普通的伦敦市民更要提防来自身边的威胁。1888 年骇人听闻的"开膛手杰克"（Jack the Ripper）谋杀案揭露了在城市街道上市民遭遇的危险。乔治·马可夫（Georgi Markov）与罗伯托·卡尔维（Roberto Calvi）的死亡也是如此：一个是保加利亚的异见人士，1978 年在滑铁卢大桥上被尖端带毒的雨伞刺中了大腿；一个是与梵蒂冈关系密切的"上帝的银行家"，1982 年被人吊挂在黑衣修士桥（Blackfriars Bridge）下。

暴乱也贯穿了整个城市的历史，从 1189 年理查一世（Richard I）加冕时的犹太人大屠杀和 1780 年反对天主教的戈登骚乱，到 1985 年至 2011 年间工人阶级

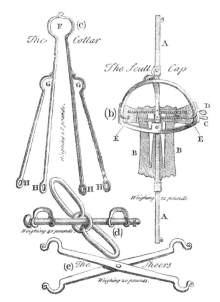

b. Skull-Cap; c. Collar; d. Heavy Fetters; e. Sheers.

THE CRUELTIES IN THE MARSHALSEA PRISON
INSTRUMENTS OF TORTURE.

上图：恶名昭彰的马歇尔希监狱（Marshalsea Prison）位于伦敦的萨瑟克（Southwark），这里的囚徒会被用上铁制刑具。这些囚徒包括当地的罪犯、海盗、异见者和欠债人，其中就曾有查尔斯·狄更斯（Charles Dickens）的父亲。

在街头反抗警察，还有此间发生在 1990 年伦敦市中心反对人头税的大规模动乱。

　　然而有更多鲜血洒在了伦敦市民的家庭之中，如臭名昭著的克里平医生（Doctor Crippen）案和鲁肯勋爵（Lord Lucan）案。霍利·克里平是美国一名顺势疗法医生与药剂师，他毒杀妻子后与情人一同逃往加拿大。1910 年，克里平被捕，成为首个因为一份无线电报而被缉拿的罪犯。鲁肯勋爵是一个伯爵①，据说他将自己孩子的保姆错认成他的妻子并杀害了她，此后他人间蒸发，或许是得到了有钱朋友的帮助，除了各种各样的目击报告，再未留下任何踪迹。

维护伦敦治安

　　想在早期的伦敦对付罪犯绝非易事，这项任务最终交由罗马军团负责。他们实行了诸如斩首与钉刑的严酷制裁，但定罪一般基于无端怀疑或某些目击证词，还经常采取严刑逼供，因此导致"伦底纽姆"（Londinium）②有太多人枉死。

　　直到 1829 年，伦敦才有了第一个规范的警察组织。这一年，罗伯特·皮尔爵士（Sir Robert Peel）建立了伦敦警署（Metropolitan Police Force），其总部设在

---

① 英国的世袭贵族有公爵（duke）、侯爵（marquess）、伯爵（earl）、子爵（viscount）和男爵（baron）五级爵位。"勋爵"（Lord）是一种称呼，并非爵位。——译者注，后同

② 伦敦在古罗马时期的地名。

上图：一种缓解监狱拥挤、减少犯罪活动的合适方法是将罪犯流放出国。这样的放逐判决会将他们送去美洲或大洋洲从事数年的苦役，鲜少有人能回来。

苏格兰场（Scotland Yard），警队成员则根据他的名字被称为"伯比"[①]。此外，皮尔爵士还废除了经常判给轻罪（如偷窃食物）的残酷死刑。规范的警察组织的诞生正好赶上了维多利亚时代，此时的大众化报刊业日益发展，大肆渲染着骇人听闻的血腥犯罪。一名杀手在伦敦东区（East London）将5名受害者杀害并开膛，各大报纸的头版纷纷大幅刊登起"开膛手杰克"的故事，这使民众的恐慌达到了极点。

　　虽然皮尔爵士建立的是现代化的警察队伍，但警方在工作中依然时常依靠猜测，直到19世纪末的科学发展为警察的工作提供了巨大帮助。19世纪60年代，摄像技术已经被用来记录犯罪现场；80年代，指纹技术开始协助警察抓捕罪犯；一个世纪后，现代的DNA技术出现，而如今的DNA数据库为伦敦警方在打击当地及国际犯罪活动时提供精准帮助。

---

① "伯比"（Bobby）是"罗伯特"（Robert）的昵称。

1

古代时期

罗马建立的伦底纽姆处在混乱边缘，这座城市也永远是当地部落的潜在
受害者。这些部落决意要摧毁统治他们土地，危及他们文化、宗教和价
值观的外来文明。

对页图：如今仍有许多事物令人回想起旧日的小城伦底纽姆——伦敦城（City of London）① 的
城墙、城市街道的名称与布局，还有部分名字可追溯到古罗马时期的鲁德门（Ludgate）和摩尔门
（Moorgate）。

① 伦敦城如今又称伦敦金融城，是最初的伦敦城区，即古罗马时期的伦底纽姆。伦敦城有自己的
市政、警察和法庭机构，与其他 32 个自治市组成了英格兰下属的一级行政区——大伦敦（Greater
London）。

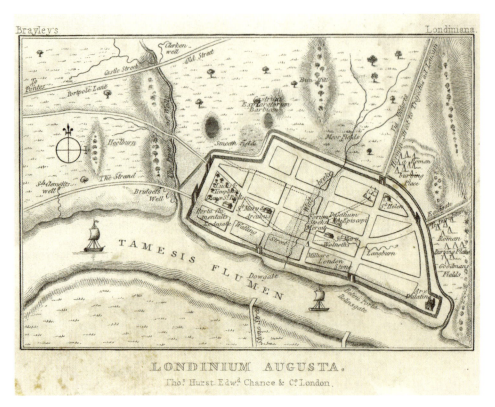

上图：公元368年前后，地方官员开始用"奥古斯塔"（Augusta）来称呼伦底纽姆，希望这座城市被公认为帝国行省的首府。但军团在410年开始撤离，返回罗马解决帝国内部危机。

　　罗马人抵达之前，伦敦这座城市尚未形成。考古学家发现，在彼时水位更低的泰晤士河（River Thames）沿岸，到处分布着小型的史前定居点。凯尔特人（Celt）的部落，比如来自高卢（Gaul）北部的贝尔格族（Belgic），掌管着东南地区的大部分土地。这些部落农业发达，内有战士保护，却也不敌组织严明的罗马军团。

　　罗马人在公元1世纪确定了伦底纽姆的选址，城中包括政府、商贸建筑与私人建筑，还有一座港口和军事基地，统治者还派遣军队镇压那些制造麻烦的部落。未来的皇帝维斯帕先（Vespasian）指挥第二奥古斯塔军团在泰晤士河沿岸及南部地区赢得了多场胜利。然而公元61年，部落女王布狄卡联合其他部落发动了起义，攻陷并摧毁了伦底纽姆，彼时军队正在威尔士（Wales）北部平定叛乱，城内并无军队驻守。他们最终返回并终结了这场起义，伦敦从此迎来了很多年的和平，直到罗马军团在 5 世纪初为处理帝国内部的政治危机而永久撤离。被留下来自谋生路的伦敦人见证了这座城市的衰退，它最终成为盎格鲁 - 撒克逊人（Anglo-Saxon）的定居地。到了 7 世纪，伦敦的地位随着贸易的扩张而越发重要，但另一场占领将要到来，这次发起入侵的是更加恐怖的维京人。

混乱与征服

登上如今被称作不列颠的土地后，盖乌斯·尤利乌斯·恺撒（Gaius Julius Caesar）与他的军团发现有大约二十个部落混乱地占据着这里的土地。面对强大的入侵者，这些部落的抵抗毫无意义。公元前 54 年，恺撒击败了卡图维劳尼（Catuvellauni）部落，英伦列岛从此成为罗马帝国的行省。取得这些令人瞩目的胜利的罗马军队，却没有在今日的伦敦范围内留下任何定居地，直到公元 43 年，克劳狄乌斯（Claudius）带领大约四万名士兵成功入侵，初步建立起伦底纽姆和卡

上图：当地部落奋起反抗罗马人的入侵，但他们凶猛的战斗能力也无法与武器、盔甲、组织与训练经验都更胜一筹的罗马军团对抗，许多部落最终都以求和为上策。

姆罗杜努姆 [Camulodunum，即如今的科尔切斯特（Colchester）]。伦敦定居地逐渐发展成型，建起了教堂、广场和横跨泰晤士河的大桥。罗马军团将多数部落镇压，又劝说其他部落归顺罗马，终结了卡图维劳尼人在部落混乱局势中的优势地位。

皇帝的大象

公元43年，克劳狄乌斯皇帝入侵英格兰，带来一支由据估计为 12～38 头大象组成的军队以威慑当地的部落。这群大象横渡英吉利海峡，据说也途经了未来的伦底纽姆与泰晤士河。它们是克劳狄乌斯胜利进入卡姆罗杜努姆时颇为壮观的一部分，彰显了罗马帝国的强大力量。古希腊罗马作家波吕亚努斯（Polyaenus）在 2 世纪记载道，当地反抗军在一头披盔戴甲、载有弓箭手的大象面前落荒而逃（但他误将当时的皇帝说成恺撒）。数周后，克劳狄乌斯便带着他的大象军团凯旋了。

布狄卡

布狄卡——凯尔特爱西尼部落的战士女王——不愿懦弱地接受罗马帝国的统治。她的丈夫在公元 60 年前后去世，她目睹了丈夫生前在罗马人的扶持下统治王国，然后被其掠夺、吞并，尽管他把所有财产都给了家人及尼禄皇帝（Emperor Nero）。布狄卡试图组织反抗，但被脱光衣服后鞭打，她的两个女儿遭到侮辱，其他亲人也沦为奴隶。

布狄卡将所受的屈辱转化为对罗马的仇恨。公元 61 年，她带领一支由两万凯尔特人组成的军队在今天的伦敦、科尔切斯特与其他城市横冲直撞、烧杀抢掠。由于凯尔特人的数量太过庞大，罗马驻不列颠总督苏埃托尼乌斯·保利努斯（Suetonius Paulinus）起初决定舍弃伦敦，但他最终还是护送所有想要离开的居民

逃出了这座没有城墙的城市，那些被留下的人则遭到了无情的屠杀。

　　布狄卡的军队将这片土地上的所有居民屠杀殆尽，所有房屋都被夷为平地。她的军队，包括来自东安格利亚（East Anglia）的其他部落，杀害了大约七万罗马人与布立吞人①。他们不保留俘虏，而是将敌人吊死、烧死，甚至钉死。他们专门挑选贵族女性，经过一番折磨后将其残忍杀害。此外，布狄卡还打败了从林

上图：布狄卡使用烈火与酷刑时的野蛮与罗马人不相上下，甚至更加残忍。曾经互为敌人的部落也都加入了她的阵营，他们相信这位杰出的女王是各地摆脱外来者入侵的巨大希望。

① 布立吞人（Britons）：6 世纪以前居住在不列颠群岛的凯尔特民族。

肯（Lincoln）赶来支援的罗马第九军团。

　　然而，布狄卡女王的这场起义，其结局非常凄惨。苏埃托尼乌斯集结起一支军纪严明的军队，在大约位于英格兰中部地区（Midlands）的战场上，以少胜多击败了布狄卡的大军。罗马军团在仅损失四百人的情况下，用标枪、弓箭和刀剑击杀了大约八万名凯尔特人。在军中和女儿一同驾驶战车的布狄卡说道："此刻我们别无选择，要么征服敌人，要么光荣战死。我虽为女人，却意志坚决。"布狄卡的命运迄今不明，有人说她服毒自尽，有人说她因战伤或疾病而亡，但也有人说她逃到了别处。

爱西尼人是谁？

　　爱西尼人是一支发源于铁器时代的凯尔特部落，居住在今英格兰东部诺福克（Norfolk）和萨福克（Suffolk）一带的土地上。他们以农业社会为主，生产大量的手工陶器，管理着羊群、牛群和马群，使用羊毛进行交易。

　　这个部落并不贫穷。公元43年克劳狄乌斯率领罗马人登陆时，爱西尼人已经开始制造金币、银币。他们与入侵者达成了和平协议，但四年后因为罗马人命令部落解除武装而奋起反抗。罗马军队平定了这场短暂的叛乱，允许布狄卡的丈夫普拉苏塔古斯（Prasutagus）以代理国王的身份实行统治。普拉苏塔古斯去世、布狄卡起义失败后，罗马为了维持地区的和平，在如今的诺威奇（Norwich）附近为爱西尼人建立了一座新城，但这座城市并非他们的归属。爱西尼从此衰落，成为一个无足轻重的部落，再也没能重拾王国曾经的辉煌。

架桥横跨泰晤士

　　公元52年，罗马人在伦敦临时修建了第一座桥梁——可能是将木板盖在船上搭成的浮桥——用来调动军团以镇压敌对的部落，距离如今的伦敦桥（London

Bridge）仅有数米。彼时的泰晤士河河道更宽、河水更浅。公元 55 年，罗马人用圆木将大桥重建并派出士兵把守。公元 61 年，布狄卡的手下在烧毁这座城市的同时，无疑也烧毁了大桥。公元 80 年前后，大桥得以重建，连接起萨瑟克的定居地与泰晤士河北岸。伦底纽姆便从这里崛起，成为罗马帝国的一个中心。最后一座由罗马修建的桥梁在公元 300 年通向了城墙的城门。有记载称，罗马撤退后的公元 984 年，一名疑似女巫的人在这座当时依然存在的木桥下被处决（即溺死）了。

战士女王

　　这位凯尔特女性一头红发、身材高大，她的名字"布狄卡"在凯尔特语里意为"胜利"。因为反抗罗马人分裂丈夫的王国而遭到鞭打时，她已年过三十。布狄卡的聪颖众人皆知，她的嗓音粗哑，目光尖锐凶猛；她的长发披散腰间，平日身穿彩色的短袍与用胸针别住的斗篷，脖子上是誓死作战的凯尔特战士所佩戴的金丝项圈。在发声鼓舞部落人民时，布狄卡会手持一根长矛。1902 年，女王和她女儿们的铜像在伦敦威斯敏斯特大桥（Westminster Bridge）旁落成，其中的布狄卡在战车上紧握长矛。

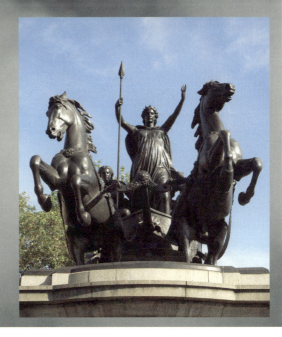

右图：布狄卡的雕像由托马斯·桑尼克罗夫特（Thomas Thornycroft）完成，他同样创作了伦敦阿尔伯特纪念碑（Albert Memorial）的"商业"（Commerce）群雕。

"公元 52 年，罗马人
在伦敦临时修建了
第一座桥梁。"

到了公元 300 年，罗马人已经围绕伦敦纽姆筑起一道城墙，
又横跨泰晤士河架起通向一座城门的大桥。然而，这些防御
工事无力对抗城市内部的权力斗争。

维鲁拉米恩的火焰

　　罗马城镇维鲁拉米恩（Verulamium）位于今天赫特福德郡（Hertfordshire）的圣奥尔本斯（St. Albans），曾三次遭受大火摧残。公元 61 年，布狄卡在此烧杀抢掠，尽管城镇当时还没有几座罗马人的建筑。数年后，维鲁拉米恩在城墙和壕沟的保护下复兴，成为一个主要的贸易中心。这座城镇的第二次灾难并非由于战争，而是公元 155 年夏天的意外失火。公元 250 年，维鲁拉米恩又在一场火灾中燃烧殆尽，当时的建筑都是矮小的房屋和商店，由泥土与木头建成。这一次，罗马和布立吞人改用石头重建小镇，而且在房屋之间留出了更多空隙。此后，维鲁拉米恩作为罗马重要的权力、商业和文化据点继续发展，这里距离伦底纽姆不远，也方便了人们来往贸易与娱乐。

上图：维鲁拉米恩罗马剧院(Roman Theatre of Verulamium）于公元 140 年前后建成，能够容纳大约 2000 名观众。不同于圆形竞技场（amphitheatre），维鲁拉米恩罗马剧院拥有一座舞台，可以举办从宗教庆典到斗兽表演的各种类型的活动。

竞技场中的死亡

有人认为，在伦敦的罗马人在平日目睹了太多暴力，但他们其实也享受着暴力带来的欢愉。城市中心的圆形竞技场经常座无虚席，许多人前来观看角斗士的决一死战、罪犯与战俘的处决，还有从滑动活板门后放出的野兽的相互蛮斗。

1985 年，建筑工人在曾经位于罗马城墙以内的市政厅广场（Guildhall Yard）下发现了圆形竞技场的遗迹。一同被发现的还有 39 个残缺头骨，据伦敦博物馆称，这可追溯至公元 120—160 年。这些头骨属于二三十岁的男性，他们都是战败的角斗士，被残忍地砍下了头颅。一些死刑犯可能也会接过长剑，在竞技场上与另一人厮杀。

"有人认为，在伦敦的罗马人在平日目睹了太多暴力，但他们其实也享受着暴力带来的欢愉。"

上图：伦敦市政厅艺廊（Guildhall Art Gallery）位于格雷沙姆街（Gresham Street）附近，其中的罗马圆形竞技场可供免费参观。艺廊也藏有一系列绘画作品，描绘了伦敦在不同阶段的历史景象。

伦底纽姆的城墙是罗马在英国最大的一项建筑工程，大约使用了 8.5 万吨肯特郡产坚硬砂质石灰岩。这道城墙在 1600 年的时间里决定着城市的格局。

这座圆形竞技场最初在公元 70 年由木头建成，公元 120 年前后又用石头和大理石重建，能够容纳七千多人坐在露天的长椅上。竞技场的地面覆盖着沙砾与碎石，用来吸收血液。如今游客可以到伦敦市政厅艺廊的下方参观圆形竞技场遗迹。

罗马城墙

公元 200 年前后，或许是为了抵御可怕的凯尔特部落联盟"皮克特人"（Picts）的入侵，罗马人在伦敦建起一道巨大的城墙。这道长约 4 千米的城墙有四道城门，包围了 134 公顷左右的土地，有些地方高达 5.4 米、厚至 2.7 米。一座建造于上个世纪的罗马堡垒与城墙合为一体，能够容纳罗马驻不列颠总督的上千名卫兵。公元 255 年，城墙沿河流延伸出去，将城市完全包围起来，以抵御所有船舶舰艇的攻击。到了 4 世纪，罗马人为了加强防守，又在东部城墙上建起了高塔。

罗马军队离开伦敦后，部分城墙开始变得脆弱，后来被盎格鲁 - 撒克逊人修复。中世纪时期，绵延的城墙成为城市的防御力量。如今在伦敦塔以北的塔丘（Tower Hill）上，仍能看见一部分留存下来的城墙。

罗马公民警戒队

早期驻扎于伦底纽姆的士兵要负责执行法律、维持秩序，但面对夜晚在漆黑街道上神出鬼没的不法分子，市民们常常需要自我保护。他们联合起来看守房屋，在窗户上安装铁条、给房门配上重锁。他们还在铅板上写字，请求诸神介入，惩处那些伤害他们或偷走他们财产的人。为了复仇，他们还会对罪孽深重之人施加诅咒。

伦敦第一个色情场所

为了满足伦底纽姆的占领军，罗马人从帝国的其他地方运来女性奴隶供其享乐，城市中也随之出现了第一家妓院，名叫"卢帕纳尼亚"（lupanaria）。妓院由当地老鸨经营，开在泰晤士河南岸的廉租房中。妓女都没有自由，没有报酬，也鲜少有活过三十岁的。当地女性可向公共卫生官员申请成为妓院的妓

> "妓女都没有自由，没有报酬，也鲜少有活过三十岁的。"

上图：罗马人带着他们的货币来到不列颠，在位的与想要称帝的也都铸造了各种新币。当地部落曾经制造了自己的货币，但最终都换用了监管更严、用途更广的罗马货币。

女。合法妓院受到严格管控，非奴隶的妓女会被颁发许可证，提供有偿服务并向政府交税。更高级别的妓女会发放"菜单"，列出她们所提供的服务，还会为顾客准备刻绘了他们最爱癖好的代币。2012 年，有人在普特尼桥（Putney Bridge）附近的泥地中发现了这样一枚尺寸略小于 10 便士的铜制代币。

所有妓女都需定期接受性病检查。她们面对着激烈竞争，对手则是那些不受监管的妓女。不受监管的妓女在公园、花园甚至墓地里接客，在节日、庆典与运动赛事期间公然进行交易。

谋杀与劫掠

公元 284 年前后，法兰克人（Franks）与撒克逊人在乡村地区四处劫掠、畅行无阻，罗马帝国在不列颠的势力开始动摇，于是派出强大的"不列颠尼亚舰队"（Classis Britannica）前来恢复秩序。这支海军由卡劳修斯（Carausius）指挥，但他最后与侵略者联合，接管了罗马在不列颠的陆、海军并自行称帝，于公元 287 年至 293 年间实行统治。

最终，卡劳修斯在约克地区（York）被自己的海军将领兼财务官阿勒克图斯（Allectus）刺杀，这段统治结束。阿勒克图斯篡夺了皇位，但他在位的时间更短。君士坦提乌斯·克洛鲁斯（Constantius Chlorus），即未来的君士坦提乌斯一世皇帝，带领一支罗马军队在公元 296 年抵达不列颠，他计划兵分两路发起进攻。他指挥一支舰队驶向伦敦，又派阿斯克列庇欧多图斯（Asclepiodotus）率领另一支部队在萨塞克斯（Sussex）的海岸登陆。海上浓雾让他避开了阿勒克图斯在此严阵以待的舰队，但也迫使己方船只从伦底纽姆返回。阿勒克图斯带领着多为法兰克人和撒克逊人的部下出城迎战阿斯克列庇欧多图斯，却既输了战斗又丢了性命。他的残余部队逃进伦底纽姆，杀害居民，掠夺财富。随着君士坦提乌斯的舰队顺着风向沿河赶来营救，伦底纽姆混乱的局面很快得以平定。他们在街道上与敌人作战，将敌人赶尽杀绝。不久之后，君士坦提乌斯的肖像与"永恒之光拯救者"的铭文被刻在一枚金质奖章上。奖章背面是马背上的君士坦提乌斯在城门处受到一位女子（她是伦底纽姆的化身）的欢迎，而他的战舰正驰骋在泰晤士河上。

"铁链"保卢斯

公元 347 年，君士坦斯皇帝（Emperor Constans）莅临不列颠和伦敦，他此行的目的可能是重整军队，并表示自己正关注着这里的情况。返回罗马三年后，君士坦斯被他的手下官员、土生土长的布立吞人马格嫩提乌斯（Magnentius）刺杀。对于这样的恐怖行径，罗马势必要报复不列颠那些可能赞成甚至是参与刺杀的人。他们在帝国中选择了以残忍著称的西班牙速记员保卢斯·卡泰纳（Paulus Catena），并于公元 353 年将他送去执行严惩。

保卢斯习惯给犯人戴上沉重的铁链，拖着他们穿过街道，因此得名"卡泰纳"（Catena，即"铁链"）。他在不列颠实行的折磨与处决残忍至极，以至于这里的市政官员马丁（Martin）都在努力帮助受害者。保卢斯指控马丁和当局的一些人支持行刺皇帝。在与同伴计划杀死保卢斯失败后，马丁用自己的长剑自尽。返回罗马

"囚犯们被斩首之前受尽了所有难以想象的残酷折磨。"

右图：君士坦斯是公元 337 年至 350 年在位的罗马皇帝。他在公元 340 年击败了当时统治着不列颠的哥哥君士坦丁二世（Constantine II）的军队，是最后一位莅临伦敦的合法帝王。

时，保卢斯带走了许多镣铐加身的因犯，因犯们被斩首之前受尽了所有难以想象的残酷折磨，只有一些幸运的受害者得到了放逐。

罗马葬礼

罗马人为不列颠和伦敦带来先进的文明，但其中有关死亡的部分却原始而落后。杀婴行为（infanticide）通常以遗弃的方式存在，对象一般为有着生理缺陷甚至只是被"不想要"的婴儿（多为女婴）。公元374年，瓦伦提尼安皇帝（Emperor Valentinian）对此颁布了禁令，但他将贫困家庭排除在禁令之外。此外，罗马的法规也无法阻止当地原始的活人献祭仪式。

罗马人的葬礼通常严肃而庄重，但考古也发现有尸体被捆绑、肢解、斩首与打残。一些尸体面部朝下，背部放有石块，意味着此人遭到活埋。《英国考古学》

上图：在伦敦建新楼的土地之下，考古学家发掘了许多罗马古墓。这些位于阿尔德门（Aldgate）的古墓中的尸体已被移走，墓穴的位置表明死者葬得很近。

（*British Archaeology*）杂志称，在伦敦的东区墓地中发现了 14 具以这种方式下葬的尸体，其中包括一名双手被绑在身后的女性。在斯皮塔佛德（Spitalfields）的古罗马墓地中，一些小孩的尸体也呈这种姿势，这可能是因为他们生前没有受洗。

罗马统治的终结

公元 367 年，皮克特人联合爱尔兰岛上的斯科特人（Scoti）横冲直撞地进军伦敦，并在此大肆劫掠，直到在公元 369 年被狄奥多西（Theodosius）击退。罗马军队自公元 383 年起开始撤离，日耳曼的掠夺者则开始向东和向南海岸发起进攻。后来，罗马帝国本土也遭到了入侵。公元 409 年，不列颠请求弗拉维乌斯·霍诺留皇帝（Emperor Flavius Honorius）派出援军，但皇帝建议对方自己解决问题。次年，霍诺留解除了伦敦及其他城镇对罗马的效忠，罗马在英格兰的统治就此终结。伦底纽姆开始长期地衰落下去，到公元 5 世纪末时几乎已成为荒无人烟的废墟。

英格兰第一位基督教殉道者

圣奥尔本（St. Alban）的故事至今笼罩在历史的迷雾之中。相传，英格兰的奥尔本最初并非基督教徒，他居住在维鲁拉米恩（今赫特福德郡的圣奥尔本斯附近），有时也会住在伦底纽姆。基督教徒受到迫害时，奥尔本正在罗马军队中服役。他暗中为基督教神父爱斐巴勒（Amphibalus）提供庇护，神父则在二人相处时让他皈依了基督教。当局追踪着神父来时，奥尔本与爱斐巴勒交换了衣物。神父借机逃走，奥尔本则被逮捕并接受了漫长的审判。他拒绝放弃自己的新信仰，在经受鞭打后被判处死刑（这个刑罚本该判给神父）。公元 209 年至 304 年间，奥尔本被斩首。没过多久，爱斐巴勒也在附近被抓获，以身殉道。

在奥尔本被处决的地方，人们迅速建起圣祠以纪念他的殉道。公元 792 年，圣奥尔本斯修道院（St. Albans Abbey）取代了圣祠，接着又在 1877 年被建成了一座大教堂。前来祷告的朝圣者络绎不绝，天主教将 6 月 22 日设为圣奥尔本斯日（St. Albans Day），英格兰教会则将其定在 6 月 17 日。圣奥尔本斯小镇也围绕着修道院发展壮大起来。

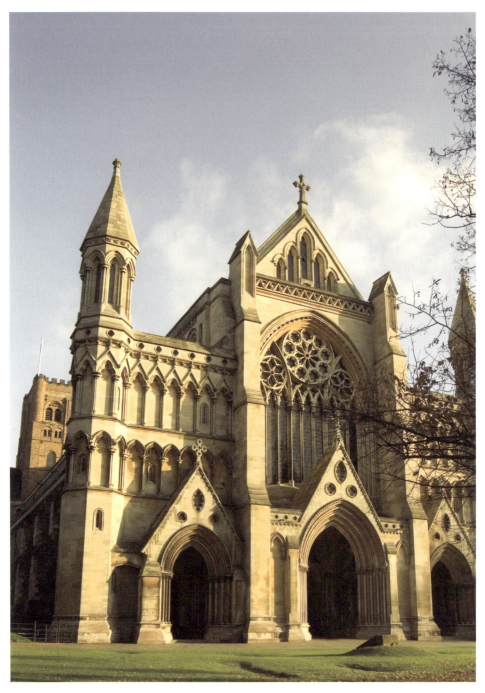

上图：圣奥尔本斯大教堂（St. Albans Cathedral）坐落在英国最古老的基督教朝圣地。这座教堂在盎格鲁－诺曼时期的 1115 年完工，2015 年庆祝建成 900 周年时增立了新的殉道者雕像。

"大屠杀"

　　罗马的统治占据了伦敦五分之一的历史。这座城市在罗马军队撤离之后日渐式微，但又因圣奥古斯丁（St. Augustine）在公元 597 年的到来而重焕生机，成为商业贸易和基督教的中心。随着盎格鲁 - 撒克逊人定居于此，或者说强行迁徙到安享和平与保留着许多罗马观念的人口中，有将近两百年的时间里关于这座城市复兴的历史记载都寥寥无几。

　　8 世纪，这种沉寂被横扫海岸线的维京海盗打破。凶恶的维京人朝着内陆进发，伦敦也做好了准备迎接幸存者描述的那场残暴劫掠。公元 842 年，城市迎来悲剧性的转折点，一位历史学家将维京人的这次劫掠形容为"大屠杀"。公元 851 年的另一场袭击中，维京人乘着 350 艘长船逆流而上，将城市洗劫一空后又付之一炬。二十年后，维京人的军队在伦敦古罗马城墙内扎营过冬，造成的破坏开始减少。公元 886 年，威塞克斯（Wessex）国王阿尔弗雷德（Alfred）在乡村地区击败了入侵者，占领伦敦并修复了城市的防御工事。国王将伦敦交给他的女婿埃塞尔

上图：图中的维京人领袖奥拉夫·特里格瓦松（Olaf Tryggvason）分别在公元 991 年和 994 年对英格兰发动袭击。两次进攻都让英格兰国王埃塞尔雷德二世（Ethelred II）缴纳了大量贡金。公元 995 年，特里格瓦松成为挪威国王。

"有将近两百年的时间里关于这座城市复兴的历史记载都寥寥无几。"

雷德（Ethelred），后者则将伦敦变成抵御维京人的关键城市。"八字胡"斯韦恩（Sweyn Forkbeard，960—1014）在公元 996 年与 1013 年对伦敦展开了新的攻势。

1016 年，他的儿子克努特（Canute）围绕伦敦桥为战船开凿壕沟，成功占领了伦敦。夺取英格兰后，克努特加冕，开启了一段更为和平的时期，维京的威胁也就此停止。1042 年，克努特的继子——"忏悔者"爱德华（Edward the Confessor）继位，他恢复了英格兰式的统治，并修建了威斯敏斯特修道院（Westminster Abbey）。

野蛮维京人

维京人的名字在古斯堪的纳维亚语（Old Norse）中意为"海盗"，可以说是名副其实甚至名"盛"其实。他们侵犯独立群体与和平城市，进行大量屠杀，也犯下其他暴行。可以想象，当维京人进攻了林迪斯法恩修道院（Lindisfarne Priory）的消息在公元 793 年传来时，伦敦城中是如何人心惶惶。在那偏僻的东北海角，维京人残忍地杀害修道士，践踏他们的尸体，在圣坛四周泼洒他们的血液。他们将一些人丢进海里，使其被淹死，又给另一些人拴上铁链，连年轻学徒也不放过。

维京人有一种恐怖至极的处决仪式叫"血鹰"（blood-eagle），行刑者会在受害人的背上割出一只老鹰的模样，整个过程极其残忍可怖。此外，也有记载提到集体斩首、刺穿婴儿和强奸等暴行。幸存下来的人会被挑选为奴隶或妓女，主人死后，他们也常常被斩首并葬在主人旁边。

右图：从维京人进攻"圣岛"（Holy Island）林迪斯法恩可以看出，他们对其他宗教信仰不屑一顾，也无所畏惧。

拉倒伦敦桥

1014 年，"八字胡"斯韦恩暂时占领了伦敦，"决策无方者"埃塞尔雷德（Ethelred the Unready）落荒而逃。但斯韦恩不久便死去，于是埃塞尔雷德决定从剩下的丹麦部队手中夺回伦敦，并得到了盟友兼未来挪威国王奥拉夫·哈拉尔德松（Olaf Haraldsson）的帮助。丹麦人在北边受一座堡垒保护，军队也在苏德维克（Sudvirke，即萨瑟克）有一道防御工事。

北欧传说故事记载，伦敦桥上敌军手持长矛坚守在路障之后，阻止任何船只靠近。埃塞尔雷德与随行指挥官决定将战船驶至桥下准备进攻。他们接近时，守军扔下石头、长矛，射出箭矢，严重破坏了大多数船只。奥拉夫想出了一个办法，可以将附近的房屋拆掉做成木筏，再用屋顶的茅草遮挡被扔下来的东西。就这样，他的部队安全到达桥下，他们将锚索绑在桥的承重桩上，接着划走木筏，直到大桥松动、垮塌并沉入泰晤士河。一些丹麦士兵逃往萨瑟克，又在那里遭遇了攻击而落败。堡垒中的其他士兵见此情景纷纷投降，埃塞尔雷德夺回了王冠。

奥拉夫则返回了挪威，在 1030 年的一场战斗中丧命，次年他被封为圣徒。

阿尔弗雷德有多伟大？

撒克逊人的国王阿尔弗雷德在公元 886 年从维京人手中夺回伦敦时已经是英格兰最伟大的英雄之一。阿尔弗雷德出生于公元 849 年，自公元 871 年开始统治泰晤士河以南的威塞克斯王国。这一年里，他九次拯救王国于维京人的魔爪之下。公元 878 年，阿尔弗雷德被迫撤退至萨默塞特（Somerset）阿塞尔内（Athelney）沼泽中的一座堡垒，但也在那里牵制住了维京人。他秘密组建起一支军队，在威尔特郡（Wiltshire）爱丁顿（Edington）出其不意地击败了规模更大的维京人军队。阿尔弗雷德还创建了英格兰第一支海军，亲自设计了大型船舰来统御海洋。

公元 886 年，阿尔弗雷德对伦敦发起进攻，击败了维京人的一支卫戍部队。伦敦人民纷纷向国王表达了他们的热情拥护，其他在丹麦海盗统治之外的英格兰民众亦是如此。伦敦此前本是麦西亚（Mercia）① 王国的土地，因此阿尔弗雷德将城市的

---

① 麦西亚为威塞克斯邻国，公元 874 年被维京人征服。

指挥权交给了埃塞尔雷德，一位将在未来成为国王女婿的麦西亚人。阿尔弗雷德下令加固古罗马城墙，赐予愿意出力保卫城市的居民小块土地。这些土地影响了伦敦的街道布局，如今仍可在奇普赛德（Cheapside）与泰晤士河之间见到。公元893年，维京人的战船载着大军溯流而上，他们扎营在城市以北，袭击周边的城镇、村庄。阿尔弗雷德封锁河道困住他们的战船后，维京人眼见不能进军伦敦便撤退了。

在位期间，阿尔弗雷德取得了众多成就，包括建起25座城镇和2座修道院、

下图：1899年，这座大于真人的阿尔弗雷德国王铜像在温切斯特（Winchester）落成，这里是阿尔弗雷德的王国首都，也是他去世和下葬的地方。这尊雕像矗立在城市的东门旁。

重修被维京人破坏的修道院、创办资助学校、出台与执行公平法律、下令让学者撰写第一本史书《盎格鲁 - 撒克逊编年史》（Anglo-Saxon Chronicle）、将拉丁语书籍翻译为盎格鲁 - 撒克逊语，他甚至还发明了一种蜡烛钟。

公元899年，阿尔弗雷德去世，彼时的威塞克斯已成为一座真正的防御要塞，拥有一系列维京人无法攻克的堡垒。他的儿子爱德华和爱德华的儿子埃塞尔斯坦（Athelstan）接着将王国的领土扩张到几乎是现代英格兰的大小。

伦敦和平行会

公元925年至939年，国王埃塞尔斯坦推行了多部法典，对偷窃和腐败的行为严加惩罚，但也对年轻的罪犯网开一面。他将处决适用的最低年龄从12岁提升到16岁，还在某部法典中为自己统治期间发生的犯罪数量道歉："对不起，我没能维护好和平。我的顾问说我对此苦恼了太久。"

埃塞尔斯坦认为这座没有法纪的

上图：埃塞尔斯坦国王在格洛斯特去世，依照其遗愿葬在马姆斯伯里修道院（Malmesbury Abbey）。他的遗体在宗教改革时期的解散修道院运动中遗失，因此，这座建于 15 世纪的石棺内空空如也。

城市需要采取新的治理手段——由贵族、教士、伦敦平民与周边各郡地主组成"和平行会"（Peace Guild）。国王制定了一系列规章制度，行会成员需承诺帮助国王及官员维护和平。行会有 100 位成员，每 10 人为一组、每组 1 名领队，每位成员需支付 1 先令作为追捕罪犯的担保。该行会会每月组织集会，向国王汇报行动。成员立誓维护治安与履行社会、宗教义务。在社会义务方面，每人需缴纳 4 便士的费用。若有成员离世，其他成员每人献上一块长条面包，本人或聘请他人吟唱 50 首赞美诗。

圣布莱斯纪念日大屠杀

"决策无方者"埃塞尔雷德二世继位以来，目睹自己的王国被丹麦人（Danes）侵犯多年。1002 年，国王得到警告称，丹麦人将"背信弃义地夺走他的性命"及其所有顾问的性命，然后接管他的王国。于是，国王下令杀掉英格兰民族中所有的丹麦人，而这场"圣布莱斯纪念日大屠杀"（St. Brice's Day Massacre）就发生在 1002 年 11 月 13 日，即纪念圣徒布莱斯的节日当天。在伦敦的丹麦人都被杀害，布里斯托尔（Bristol）、格洛斯特（Gloucester）与牛津（Oxford）等地亦是如此。

"于是，国王下令杀掉英格兰民族中所有的丹麦人。"

埃塞尔雷德后来写道，他的命令是"所有像田间野草一样抽芽并涌现在这座岛上的丹麦人都要被正义地终结"。

然而，大量的丹麦人在英格兰北部和东部实行丹麦律法的地区生活数年，想要彻底消灭他们绝不可能。此外，这场屠杀也没能阻止维京战士的凶残进犯。"八字胡"斯韦恩的妹妹是这场大屠杀的受害者，1013 年，斯韦恩进攻伦敦企图复仇，他将埃塞尔雷德赶到诺曼底（Normandy），自己加冕为王。

2008 年，牛津大学圣约翰学院（St. John's College）的考古现场发掘了 34 至 38 具年龄在 16 至 35 岁之间的男性骸骨，他们皆为这场大屠杀的受害者。其中 27 人的头骨有破损或裂痕；1 人被斩首，5 人被斩首未遂，他们的伤口均位于正面，说明生前面对着处决者。

埃塞尔雷德二世有多"决策无方"？

埃塞尔雷德二世的名号本是"Unraed①"，意为"决策无方"。这位软弱无能的国王曾在公元 991 年至 994 年间试图用 26000 磅白银收买维京人，但劫掠者依然骚扰着盎格鲁 - 撒克逊的臣民。1002 年，埃塞尔雷德二世又送出 24000 磅白银，却无功而返。就连他下令发动的圣布莱斯纪念日大屠杀也事与愿违，反而将王冠拱手送给了"八字胡"斯韦恩。12 世纪的历史学家马姆斯伯里的威廉（William of Malmesbury）写道，埃塞尔雷德二世的一生"以残酷开始，以悲惨相承，以耻辱为终"。

"刚勇王"埃德蒙

"刚勇王"埃德蒙（Edmund Ironside）在动荡的 1016 年成为国王。其父亲"决策无方者"埃塞尔雷德二世在同年 4 月去世后，埃德蒙立刻面临着斯韦恩之子

---

① 埃塞尔雷德二世的名号并非源自现代英语单词"unready"（意为"没有准备的"），而是源自古英语"Unraed"（意为"坏的主张"或"决策无方"），这是对埃塞尔雷德二世的讽刺，他的名字从古英语翻译成现代英语，意为"崇高的主张"。

克努特对伦敦的围攻。彼时克努特已经称王，但未得到南安普敦（Southampton）贤人会议（Witan）的推举。埃德蒙在威塞克斯组建起一支军队，突破重围回到了伦敦。当他再次离开去招募更多人手时，克努特又将伦敦重新包围，而埃德蒙也再次将其击破。他的强大防守拯救了这座城市，伦敦人民也因此宣布埃德蒙为新任国王。1016年4月，他在圣保罗大教堂（St. Paul's Cathedral）加冕为埃德蒙二世（Edmund II）。

在随后与丹麦人的战斗中，埃德蒙表现得极为出色，因此被赋予"刚勇者"的称号。他在肯特（Kent）战胜了敌军，但部队在埃塞克斯（Essex）被克努特击败。

另一场战斗在格洛斯特郡一触即发，但据说埃德蒙试图说服克努特与他单挑，以此避免不必要的伤亡。克努特称埃德蒙比自己强大，拒绝了这个建议。不过二人达成了和平协定：将伦敦、威塞克斯、埃塞克斯和东安格利亚划分给埃德蒙，将麦西亚和诺森布里亚（Northumbria）划分给克努特。他们还宣布，谁活的时间更长，谁就能统治整片土地。

上图：埃德蒙与克努特之间历经多场战斗却始终不分胜负，最后二人在格洛斯特郡塞文河（River Severn）上的奥尔尼岛（island of Olney）会见。他们在此达成和平协定，将英格兰一分为二。

1016年12月，埃德蒙蹊跷地死去，在位时间仅7个月，克努特因此成为"英格兰全境之王"。在没有埃德蒙的阻挠后，克努特开始了无情的复仇，杀死许多身份显赫的英格兰人，包括埃德蒙的弟弟埃德威格（Eadwig），并将他们的土地分给了自己的丹麦追随者。

"克努特开始了无情的复仇，杀死许多身份显赫的英格兰人。"

克努特与海浪

　　1035年，克努特逝世，他的非凡成就传遍了英国与欧洲其他国家，但还有一个故事，讲述了这位国王也无法征服的事物。据12世纪的编年史编者兼亨廷顿副主教（Archdeacon of Huntingdon）亨利的记载，被抬到海边的英格兰之王克努特对海浪说要服从于他，接着命令其平息下来，停止拍打他的土地或弄湿他的衣服。海浪"拒绝"服从命令，于是虔诚的克努特宣布道："要让全世界都知晓这国王的权力是何等空虚、何等无用，没有国王是名副其实的，唯有神的旨意，能使天地与大海都遵循永恒的法则。"副主教补充道，克努特此后将他的黄金王冠放在基督像之上，再也没有佩戴过。

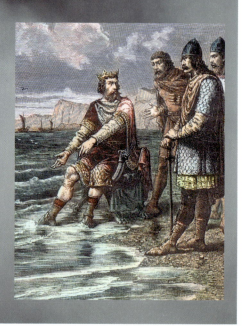

右图：克努特与海浪的传说很好地展现了国王的虔诚与上帝的伟大力量。

克努特的两个儿子

克努特死后，他的私生子"飞毛腿"哈罗德（Harold Harefoot，得名于他打猎的速度和技巧）成为摄政王，因为当时的王位合法继承人、哈罗德同父异母的弟弟哈迪克努特（Hardicanute）正担任丹麦国王。1036 年，哈罗德的手下抓获了前来英格兰索要王位的阿尔弗雷德王子（Alfred the Aetheling）①，他们弄瞎了阿尔弗雷德的双眼，导致其伤口感染而亡。次年，哈罗德加冕为哈罗德一世，还驱逐了哈迪克努特之母，也就是克努特之妻——王后艾玛（Emma）。哈罗德短暂地统治了一段时间，最终在 1040 年 3 月逝世，彼时哈迪克努特正准备进攻英格兰夺回王位。哈迪克努特与母亲一道率领 62 艘战舰在 6 月抵达，进军伦敦并加冕为克努特二世。他将兄长的遗体从威斯敏斯特修道院取出，斩首后扔进了泰晤士河旁的一处沼泽。有人拾回哈罗德的尸骸，将其葬在圣克莱门特·戴恩斯教堂（St. Clement Danes Church）的附近。

克努特二世因向臣民征收 "舰队税"，为自己毫无必要的侵略战争买单，很快便失去了人心。1042 年 6 月，继位两年的克努特二世在一场盛大婚宴上饮酒时突然发病，全身痉挛着瘫倒在地。王位因此传给克努特的继子 "忏悔者" 爱德华。

戈德温——王座背后的权力

尽管身为盎格鲁 - 撒克逊人，戈德温（Godwine，也作 Godwin）还是成了克努特的亲信，1018 年被克努特封为埃塞克斯伯爵。据说在 1035 年克努特死后，戈德温涉嫌谋杀了阿尔弗雷德王子，让 "忏悔者" 爱德华能够在克努特的两个儿子之后登上王位。他也得以操控爱德华来扩大自己的权势，成为十一年来英格兰真正的统治者，甚至还将女儿伊迪斯（Edith）嫁给了爱德华。

然而，想让更多诺曼人②进入宫廷的爱德华与戈德温产生了严重分歧。1051 年，多佛（Dover）一位诺曼勋爵遭到臣民的反对，戈德温拒绝惩罚这些人，因此被国王爱德华流放。他与儿子哈罗德很快就在次年举兵入侵英格兰。贵族们坚持避免内战，于是爱德华被迫恢复了戈德温及其家人的特权，并归还了他们的财产。此

---

① 阿尔弗雷德，哈罗德异父异母的两个兄弟之一，为克努特的第二任妻子艾玛与前夫 "决策无方者" 埃塞尔雷德二世所生。

② 诺曼人是维京人后裔，10 至 11 世纪，他们征服了今法国北部的大片地区，并建立了诺曼底公国。"八字胡" 斯韦恩在 1013 年入侵并征服英格兰时，爱德华和母亲艾玛一起被送到了诺曼底。

外，爱德华的许多诺曼随从也都被流放。1053 年戈德温去世后，他的儿子继承了伯爵爵位，1066 年又继任国王，在伦敦加冕为哈罗德二世。

"征服者"威廉

1028 年，诺曼底公爵与他的法国情人有了一个儿子，当地人嘲讽地称这个男孩为"杂种"威廉（William the Bastard）。父亲在某次十字军东征中丧生后，威廉继承了公爵爵位，他要立刻面对让诺曼底陷入冲突的敌人。在法国国王的帮助下，威廉击败了敌军。他下令将战犯的手脚悉数砍下，展露出自己的无情与残忍。

据说，威廉的表兄爱德华，即"忏悔者"爱德华，曾许诺让威廉成为他的继承人。然而爱德华在临终之时，却指定了曾在 1063 年征服威尔士的伯爵哈罗德为继任者。在 1066 年爱德华去世的当天，哈罗德便加冕为王。威廉怒不可遏，因为他曾经从法国一座监狱中救出哈罗德，也得到了他支持自己继位的许诺。

上图：在圣纳山（Senlac Hill）打响的黑斯廷斯战役（Battle of Hastings）中，哈罗德带领 5000 名疲乏的士兵对抗威廉的 1.5 万大军。面对诺曼底的弓兵骑手，英格兰人只能依靠盾墙做无望的抵抗。

当时，威廉已经获得法国甚至教皇的支持。他组建起一支有着相当规模的军队，带领约 700 艘战舰逼近萨塞克斯海岸，而彼时的哈罗德正在北方征战维京人。国王迅速赶回迎战，双方部队于 1066 年 10 月在黑斯廷斯附近兵戎相见。这场战斗中有数千人阵亡，哈罗德也被一支箭矢射穿眼睛而丧命。

> "新任国王发动了这个国家历史上最为残暴的一场镇压。"

威廉继续向伦敦进发，畅通无阻地抵达了伦敦桥南端。他后撤军队，绕着城市进行大范围的迅速迂回，他们一路行经三郡，所到之处皆化作焦土，尸横遍野。惊恐的王位继承人埃德加王子（Edgar the Aetheling）①与伦敦的统治者在赫特福德郡的伯克翰斯德（Berkhamsted）会见威廉，向这位征服者宣誓效忠。

1066 年圣诞节当日，威廉在威斯敏斯特修道院加冕。此后他立刻颁布宪章，允许伦敦市民继续遵守国王爱德华时期的法律，还确保所有子女——无论私生与否——都是其父亲的继承人。然而威廉将面对更多的战斗，他也开始修建一系列包括伦敦塔在内的塔楼。北方地区仍然在顽抗，于是新任国王发动了这个国家历史上最为残暴的一场镇压。他下令摧毁村庄与农田，制造了一场可怕的饥荒，死亡人数据估算有十万人。到了 1075 年，威廉已击溃所有敌对势力，诺曼人高效地统治了整个国家，其中最著名的例子是《末日审判书》（Doomsday Book），上面记录了英格兰所有土地的归属情况和每种牲畜的饲养情况。

威廉回到法国，1087 年 7 月在芒特战役（Battle of Mantes）中受到了致命伤——他的战马扬起前蹄时，马鞍撞破了他的肠子。五个星期后，威廉逝世，时年 59 岁。

伦敦塔

威廉刚一加冕为王便立刻开始修建伦敦塔，它将成为令人畏惧的政治监狱和象征着折磨与处决的地方。这座高塔位于泰晤士河北岸，守卫着城市港口，也充当着军械库的角色。中心的白塔（White Tower）在 1078 年前后建成，所用石灰岩正好都产自诺曼底。之后，白塔周围增建了 13 座塔楼，血腥塔（Bloody Tower）便

---

① 除"忏悔者"爱德华之外，威廉还有一个表亲名为"放逐者"爱德华（Edward the Exile）。"放逐者"爱德华是"刚勇者"埃德蒙二世之子，埃德加王子则是"放逐者"爱德华之子，因此拥有王位继承权。

是其中之一。13世纪时，一道绰号为"叛逆者之门"（Traitors' Gate）的水闸成为河上运送囚犯进塔的入口。

在这高墙之内被处决的人包括托马斯·莫尔爵士（Sir Thomas More）、亨利八世的两任妻子安妮·博林（Anne Boleyn）与凯瑟琳·霍华德（Catherine Howard）、简·格雷、托马斯·克伦威尔（Tomas Cromwell），或许还有年少的爱德华五世（Edward V）和他的弟弟。其他曾被关押在内的人包括苏格兰国王詹姆斯一世（James I）、亨利六世（Henry VI）、未来的伊丽莎白一世（Elizabeth I）、沃尔特·罗利爵士（Sir Walter Raleigh）、盖伊·福克斯（Guy Fawkes）以及塞缪尔·皮普斯（Samuel Pepys）。

左图：伦敦塔每年接待大约三百万游客。这里的景点包括皇家珍宝馆（Crown Jewels）、伦敦塔卫兵（Beefeaters，官方名称为"Yeoman Warders"）以及渡鸦。相传，渡鸦若是飞走，王国便将陷落。

vant ce vint le ven
dredy au matin ce

2

中世纪时期

伦敦的崛起意味着决意统治城市与国家的势力之间更大冲突的开始。
昏暗的街道上罪恶丛生，但最为恶劣的迫害、折磨与杀戮都来自国王。

对页图：大主教托马斯·贝克特的谋杀案令人震惊，因为案发地点就在他的教堂。黄昏时分，四名骑
士在圣母玛利亚祭坛旁的北耳堂 ① 残忍地杀害了他。

① 耳堂又叫横厅，是十字形教堂的横向部分延伸出的中殿，一般分为南、北两个耳堂。

上图：诺曼征服取得成功后，"征服者"威廉和他的军队骑行在伦敦街头。加冕后，威廉一世为英格兰王室带来了强大的领导力（以及法语）。

　　11 世纪时，伦敦已是英格兰最大的城镇，也成为王权和教会的中心。1066 年，"征服者"威廉带领诺曼军队，在黑斯廷斯战役中击败并杀死了国王哈罗德，但彼时的伦敦人依然相信，他们能在援军的帮助下抵御进犯。然而威廉迅速包围了城市，伦敦也很快投降。城市居民实则成为新国王的坚定拥护者，威廉在加冕之后颁布宪章，赋予了人民很大程度的自由与正义。

　　尽管开端充满希望，但中世纪的伦敦仍然充满黑暗与危险。统治者在伦敦塔里折磨、处决各种政见不同的人与可能的王位继承者，他们连强大的教会都不放过，如亨利二世在 1170 年谋杀了坎特伯雷大主教托马斯·贝克特。普通的伦敦市民也在公开绞刑中见证了死亡，这种处决对他们来说既是警示也是娱乐。最恶劣的违法行为将受到拖行（指受处决之人被安在木质底座上由马匹拉着穿过街道前往刑场）与分尸①的恐怖刑罚。即便是轻罪也会得到严惩——抢劫犯会被砍掉一只手，有时也可能是一只脚。

无政府混乱时期

英格兰早期的一场内战发生在亨利一世（Henry I）的女儿与外甥之间，而这段历史又被称作无政府混乱时期（The Anarchy）。

亨利一世因为儿子的去世而将继承人指定为女儿玛蒂尔达（Matilda），也就是莫德（Maud）。但布卢瓦的斯蒂芬（Stephen of Blois）声称，舅舅在临终前改变主意，选择他来继承王位。教会和权势贵族都支持斯蒂芬一方，因为他们不愿接受女性的统治，更何况玛蒂尔达傲慢无比，还嫁给了他们的敌人安茹伯爵（Count of Anjou）杰弗里·金雀花（Geoffrey Plantagenet）。1135年，亨利一世去世，斯蒂芬得到王位，他在19年里为了保住王冠而一直与玛蒂尔达做斗争。在此期间，双方的支持者各自割据着乡村地区，干着破坏庄稼、偷窃牛羊、盗取物资的勾当。一位编年史编者写道，这是一个"耶稣和他的圣徒都陷入沉睡"的年代。

1139年，玛蒂尔达和她同父异母的哥哥格洛斯特的罗伯特（Robert of Gloucester）一同登陆英格兰。两年后，双方第一场大战在林肯（Lincoln）爆发。斯蒂芬此役战败，被玛蒂尔达暂时关押在布里斯托尔城堡（Bristol Castle）。后来，玛蒂尔达将其释放以交换罗伯特，但不久后自己又遭俘房，被关押在威尔特郡（Wiltshire）的迪韦齐斯城堡（Devizes Castle）。1141年，她伪装成在棺材中的一具尸体，被带到了格洛斯特。同年，玛蒂尔达又前往伦敦，但她从未加冕。她自居女王的傲慢和索要钱财的厚颜无耻令当地人民深感厌恶，最终她被逐出了伦敦。次年，玛蒂尔达再遭抓捕，被关押在牛津城堡（Oxford Castle），但她穿上白衣与冰天雪地融为一体，穿过结冰的泰晤士河又一次逃脱了。

罗伯特死于1147年，玛蒂尔达则回到诺曼底度过余生。她的儿子安茹的亨利

---

① 这种处决的全称为"hanged, drawn and quartered"，意为"绞刑、拖行与分尸"。也有说法认为，"drawn"一词指将犯人的内脏从身体内"拉"出来。

上图：夜深人静时，玛蒂尔达逃离牛津城堡。她以一袭白衣作为伪装，穿过雪地前往阿宾顿（Abingdon）。过后人们依然声称在城堡中看见了她身披白袍的鬼魂。

（Henry of Anjou）此后率军入侵，却在斯蒂芬的军队抗击下一败涂地。1153 年，丧子后的斯蒂芬与亨利在瓦林福德（Wallingford）达成协议，双方决定让斯蒂芬继续担任国王，死后则由亨利继位。不到一年，斯蒂芬便去世了，亨利二世便于 1154 年加冕，成为金雀花王朝的第一位国王，在位 35 年。玛蒂尔达则于 1167 年去世。

恐怖的死法

在 1287 年被英格兰规定为叛国罪的刑罚之前，拖行与分尸至少已经存在了 50 年。这种公开处决首先会将囚犯拴在马后并拖到刑场（即"拖行"），但这个过程可能会导致囚犯死亡，所以有时会将囚犯安置在木质的橇车或底座上；接着是绞刑，在囚犯快要咽气时割断绳子，然后对其身体进行残害；最后的恐怖环节是斩首与分尸。有时用马来执行分尸，将囚犯四肢分别拴在四匹马上，再将它们赶向不同方向来完成这场可怕的肢解。

第一名受此刑罚的叛国者是赫赫有名的威尔士王子大卫·阿普·格鲁菲德（David ap Gruffydd），他因英格兰占领自己的国家威尔士而不断地反抗，最后在 1283 年被捕。同年，他被判犯下"密谋杀害国王爱德华一世"之罪，在什鲁斯伯里（Shrewsbury）被拖行与分尸。

伦敦最著名的囚犯当属苏格兰的伟大英雄威廉·华莱士爵士（Sir William Wallace）。他也曾领军反抗英格兰的统治，1305 年遭到逮捕后被押往伦敦游行示众。他为自己受到的叛国指控争辩，称自己从未向爱德华一世宣誓效忠，因此自己不是叛徒。尽管如此，他的处决在同年执行。华莱士被迫戴上月桂叶冠①，在他前往史密斯菲尔德（Smithfield）刑场的路上，人们朝他扔垃圾。他因叛国罪被判拖行、因抢劫与凶杀罪被判绞刑、因亵渎罪被判开膛、因逍遥法外被判斩首，最后因数种破坏罪被判分尸。

---

① 华莱士曾扬言，自己总有一天会在英格兰人的首都伦敦戴上王冠。于是人们在处决当日给他戴上月桂叶冠，以示嘲讽。

上图：威廉·华莱士被绑在木质橇车上拖往刑场。

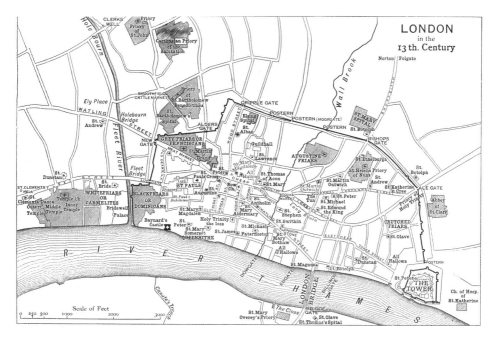

上图：13 世纪初，伦敦人口已增长至 3 万，而城市边界却几乎没有扩张，居民们生活在拥挤的社区与狭窄的街道中。河对岸的发展也停滞不前，威斯敏斯特仍是一个孤独的村庄。

谋杀与混乱

在伦敦肮脏曲折的街头巷道，谋杀是永恒不变的威胁，而幕后黑手往往是凶残的犯罪集团。1298 年 6 月 16 日，一伙 16 人的持械强盗袭击了圣保罗大教堂附近的贫民区，造成 144 人死亡。一些人被砍倒在地，另一些人在仓皇逃窜时发生踩踏。暴乱也是城市里日渐失控的一部分。手工业行会（craft guilds）数量渐多、权力渐增，它们从 1377 年的至少 50 个，增长到 1400 年的 111 个。这些行会在监管交易、商品价格和薪水方面相互竞争，引发激烈的街头混战。早在 1267 年，金匠与裁缝之间就发生过行会血战，500 名参与械斗者死伤惨重，他们的领袖也都因此遭到处决。

伦敦甚至也是乡村地区起义的目标，特别是 1381 年的农民起义和 1450 年的凯德叛乱。尤其令教会担忧的宗教异端也常常遭受迫害，如 15 世纪，罗拉德派（Lollards）的一位领袖威廉·萨特（William Sawtre）[1]在伦敦的火刑柱上被烧死。

---

① 又称约翰·萨特（John Sawtre）。

夜行人

中世纪的伦敦街头危机四伏。居民害怕在天黑之后出门遇见"夜行人"，也就是那些游荡街头、寻机犯罪之人，比如一些年轻的恶棍和窃贼。最危险的一群人会涂黑他们的脸庞；醉鬼、游民、乞丐、妓女和骗子没有那么危险，却仍需提防。爱德华一世派人整晚看守街道，如果的确有陌生人经过，需将这些人扣押至清晨，再移交给郡长。但实际上，在夜晚出行的上流人士鲜少受到盘问，任何来自底层阶级的人却都有被拘捕的风险。1282 年，伦敦市长①在康希尔（Cornhill）建立监狱，专门关押"夜行人"和其他可疑人员。因为监狱的形状就像一个巨大的麦芽酒桶，这座监狱便被称为"图恩"（Tun，意为"酒桶"）。1331 年，爱德华三世（Edward III）颁布法令，将"夜行人"定义为"白日睡觉、夜晚出行的偷窃惯犯或扰乱秩序之人"。

神判法审判

有神父在场的情况下，基于法术或迷信举行的原始审判被用来决定疑犯是否有罪，直到 1215 年教皇英诺森三世（Innocent III）下令禁止采用这种方法。在伦敦甚至全国各地，如何定罪可能取决于各种残忍的神判法（trial by ordeal），如火判、水判、决斗甚至是尸体迹象。

火判需要手持一根烧红的铁棒行走三步。如果疑犯的手没有烧伤迹象，则会被宣告无罪；若有，则认定其有罪并立刻执行绞刑。某些情况下，疑犯烧伤的手会被包扎起来，若能在三日之内愈合，则视其为无罪。"决策无方者"埃塞尔雷德曾下令，"不可信任之人"必须手持为平时三倍重量的铁棒。火判的其他形式包括将右手伸入沸水并从中取出一枚戒指、让疑犯从九块烧至白热的犁铧上跑过，更可怕的或许就是舔舐烧红的铁棍了。

水判是一种没那么痛苦的神判法，其过程是将疑犯捆绑起来扔进受过祝福的水中，因为教义认为上帝会拯救无辜。清白之人会沉入水中，有罪之人则会浮在水

---

① "伦敦市长"（Mayor of London）现已更名为"伦敦市长大人"（Lord Mayor of London），该职位在 1189 年设立，负责管辖伦敦市（即伦敦中心的历史城区和金融区）。

左图：水判起源于一种检验女巫身份的旧法。这种观点认为，女巫之所以拒绝受洗，是因为水会排斥她的身体，令其漂浮。沉入水中意味着无罪，却也可能导致死亡。

面，接着会被钓起来并执行绞刑。这种审判方法可以立刻得到结果，因此常常受到青睐。

决斗神判法由诺曼人引入英格兰，通常用来审判贵族。控诉者有权要求与可能让他遭受了不公平对待的人决斗；如果涉及土地纠纷，那么双方均可指派他人为其战斗，而这种情况往往会发展成专业的决斗。在某些情况下，被告方有权要求与控诉者决斗。

一种更奇怪的观点认为，尸体可以揭示一个人是否有罪。这种审判主要是精神方面的折磨。有验尸官在场的情况下，疑犯被带到受害者的尸体跟前，在棺材旁边

托马斯·贝克特成为态度强硬的大主教，国王亨利对此大为震惊。他曾视托马斯为密友与后盾，后者却变成虔诚而权威的教会领袖，反过来训诫国王与他的骑士。

接受审判。如果尸体上的伤口又开始流血，则说明疑犯有罪。

负责取证的神父有时会"修正"神判法审判结果，因为他们相信只有无辜之人才愿意接受这样的折磨。出于这种考虑，他们会确保水未煮沸、铁未烧红。神判法被禁止后，同侪（peers）陪审团^①取而代之。最初，被诉人抵制这种审判，因为他们不相信自己的同侪，认为许多怀有报复与嫉妒之心的人会给出有罪裁决。有时，那些拒绝接受同侪审判的人会在受到折磨后被逼上法庭。

教堂中的谋杀

托马斯·贝克特是一名诺曼商人的儿子，1117 年在伦敦奇普赛德出生。他前往法国学习教会法，1154 年出任坎特伯雷副主教。同年，他被国王亨利二世任命为大法官，执手国王的财政收入。就这样，大约年长亨利 15 岁的贝克特成为亨利深受信赖的顾问与挚友。1162 年，王室委员会推选贝克特为坎特伯雷大主教。亨利希望他能做一位温顺、忠诚的教会首领，但贝克特却开始扩张势力，还拒绝在限制其自主权的文件上签字，后被指控蔑视王权，于 1164 年逃往法国，直到六年后亨利向教会妥协并恢复了他的职位。

回到坎特伯雷后，贝克特开始将曾经反对他的神父逐出教会，这其中也包括了伦敦主教。1170 年的圣诞节，贝克特又驱逐了他更多的敌人。国王当时正在诺曼底宫殿参加圣诞活动，听到消息后怒斥这位"出身卑微的教士"让自己颜面扫地，他指责自己的皇家骑士任由此事发生。根据后来的描述，国王当时说道："谁能让我摆脱这位棘手的神父？"由于亨利的勃然大怒，或许还有对国王话语的误解，四名骑士穿越英吉利海峡，在 1170 年 12 月 29 日抵达坎特伯雷，站在了贝克特面前。贝克特拒绝屈从于亨利的意愿召回所有被驱逐的神父，于是遭到了四名骑士的拔剑攻击。脑袋遭受一击的贝克特想要站起身来，却又被一剑砍倒在地。"以耶稣之名、教会之庇，"他说，"我已准备好拥抱死亡。"另一名骑士一剑劈开贝克特的头颅，他的脑浆和血液都溅洒在地。一个陪同骑士而来的教士用脚踩住已死去的大主教的脖子，让更多的鲜血洒了出来。他大喊道："到此为止吧，骑士们，他再也站不起身

> "另一名骑士一剑劈开
> 贝克特的头颅。"

---

① 同侪陪审团中的"同侪"并不单纯指"同龄人"，而是指"阶级相当之人"或"平等之人"。

上图：刺客们穿过修道院的回廊，到达贝克特正在帮助准备晚祷的分堂，想要杀死贝克特。他们命令贝克特离开教堂却遭到了拒绝，于是被迫在祭坛之前杀害了他。

了。"不久后,教皇亚历山大三世(Alexander III)将四名骑士逐出教会,又令其前往圣地(Holy Land)①服役 14 年。

1173 年,教皇亚历山大三世追授贝克特为圣徒。朝圣者成群结队地前往坎特伯雷大教堂,瞻仰这位圣徒的坟墓,正如乔叟(Chaucer)在《坎特伯雷故事集》(The Canterbury Tales)中所写的那样。伦敦人更喜欢称呼他为"伦敦的托马斯",他们追授这位同乡为圣保罗大教堂的守护圣人。1174 年,亨利二世在贝克特的墓前做了一场公开忏悔。1538 年,国王亨利八世解散修道院时下令摧毁贝克特的神龛和遗骨。

犹太人大屠杀

理查一世是金雀花王朝国王亨利二世之子,他在第三次十字军东征圣地期间获得了"狮心王"理查(Richard the Lionheart)的美誉。这次东征中,理查一世被奥地利公爵(Duke of Austria)利奥波德(Leopold)囚禁,在支付了 15 万金马克的赎金后才得到释放。在他十年的统治与东征中,理查一世待在英格兰的时间还不到一年,只是把这片土地当作在外开拓的经济来源。据说,理查一世曾公开宣布:"如果能找到足够富裕的买家,我可以出售伦敦。"

理查一世在 1189 年 9 月 3 日的加冕仪式,从某种程度上预示了未来将因宗教信仰发生许多流血事件。他发布布告禁止犹太人参加他的加冕仪式,但仍有一些人在他用餐时上前献礼。当地人对献礼者恶言相向、穷追猛打,四处宣称国王下令屠杀所有犹太人。于是伦敦人开始残害身边的犹太人,闯进他们的房屋住宅烧杀抢掠。一些受害者堵住房门躲在屋内,但暴民点燃房屋将他们烧死;另一些人被允许或强制受洗成为基督徒。受犹太人资金支持的理查一世听闻消息后下令保护他们,还称要暴徒为此负责。恶劣至极的凶手遭到了处决,但许多暴徒在其他方面声誉良好,因此未被起诉。

当时,包括诺威奇、林肯和约克在内的其他城市纷纷效仿伦敦展开了大屠杀。在约克,大约 150 名犹太人撤退至一座堡垒后遭到围攻。他们担心自己无力抵抗,于是在自尽之前杀死妻小,将尸体从城墙抛向外面的人群。城堡陷落后,幸存的犹

---

① 即耶路撒冷。

上图：随着犹太人大屠杀愈演愈烈，杀戮席卷了大街小巷。这场无谓的暴力一发不可收拾，甚至殃及基督教徒的房屋和家庭。然而尽管发生了诸多暴行，但没有一位官员因此受到谴责。

太人也都被杀害。还有一些人点燃自己的房子死在屋中。许多欠了犹太人钱的人来到教堂，将存放在那里的欠款记录烧毁。

拨火棍处决？

　　1307 年至 1327 年在位的国王爱德华二世（Edward II）软弱无能，笨拙无成，他的爱好之一就是开凿壕沟。他拼命削弱贵族的权力，还经常将政敌绞死或斩首。在苏格兰不断扩张势力的罗伯特一世（Robert I），即罗伯特·布鲁斯（Robert the Bruce），是国王面临的最大问题。爱德华二世领军北上，在 1314 年 6 月 24 日的班诺克本之战（Battle of Bannockburn）中惨败，这使苏格兰的独立成为定局。但最后，他的确战胜了自己在英格兰的主要竞争对手——于 1314 年通过约克议会几乎掌控了整个国家的兰开斯特的托马斯（Thomas of Lancaster）。1322 年 3 月 16 日，爱德华二世在巴勒布里奇之战（Battle of Boroughbridge）中击败了兰开斯特的托马斯，六天之后将其处决。

　　国王的致命之举是重用了休·德斯彭瑟（Hugh le Despenser）和他的儿子。这对父子靠行政改革积累了财富，还与爱德华二世的妻子伊莎贝拉（Isabella）结下了梁子。王后的土地在 1324 年被夺走，她与儿子（未来的爱德华三世）一同在法国逗留 18 个月后，

左图：爱德华二世与他的狱卒。在遭受了极致折磨之后，他的身体已经崩溃。在得知德斯彭瑟父子均被处决、四个儿子中三个已死后，爱德华明白一切都结束了。

又与情人罗杰·莫蒂默爵士（Sir Roger Mortimer）率领一支军队返回，俘获了西逃的爱德华二世和德斯彭瑟父子。爱德华二世被监禁在沃里克郡（Warwickshire）的肯尼沃斯城堡（Kenilworth Castle），德斯彭瑟父子则被处决。随后一场革命性的议会宣布爱德华二世治国无能，立爱德华三世为国王。1327 年 4 月，退位后的爱德华二世被押往格洛斯特的伯克利城堡（Berkeley Castle）。他在那里备受折磨，不仅要忍饥挨饿，还被扔进了腐臭的尸坑。两次营救失败后，他于同年 9 月被处决。

据传，一群刺客在夜晚杀害了爱德华二世。他们将一支号角插进他的直肠，再通过号角推入一根烧红的拨火棍，焚毁他的器官。这个说法来自当时的历史学家杰弗里·勒贝克（Geoffrey le Baker），但也有人怀疑这是爱德华二世反对者的政治宣传。

上图：爱德华三世的手下在诺丁汉城堡出其不意地拘捕了罗杰·莫蒂默，后者就此垮台。剩下的支持者纷纷散去，因为莫蒂默的傲慢和贪婪疏远了议会的贵族和同侪。

泰伯恩第一个贵族死刑犯

罗杰·莫蒂默是爱德华二世的表亲，也是王后伊莎贝拉的表亲和情人。他与王后在 1327 年合谋杀害了她的丈夫。此后，莫蒂默担任摄政王统治了三年，直到年轻的爱德华三世返回英格兰继承王位。

莫蒂默的军旅生涯功绩斐然——1308 年在爱尔兰作战，1314 年在苏格兰参与班诺克本之战。1321 年，他发声反对国王爱德华二世的宠臣德斯彭瑟父子，次年被关入伦敦塔。1323 年，莫蒂默逃往法国，伊莎贝拉在两年后加入他的行列，也成为他的情人。1326 年，二人入侵英格兰，推翻了爱德华二世和德斯彭瑟父子的统治，接着策划谋杀了国王爱德华二世。摄政期间，莫蒂默积累了财富与头衔，但在同侪中四面树敌。17 岁的爱德华三世听信了兰开斯特的亨利（Henry of Lancaster）的谗言，认为莫蒂默密谋篡夺王位，于是在 1330 年 10 月 19 日将其逮捕并关押进诺丁汉城堡（Nottingham Castle），后又把他转移到伦敦塔囚禁。在议会接受审判时，莫蒂默身上绑着铁链与绳索，口中因塞着布条而无法说话。他被指控谋杀爱德华二世和他同父异母的兄弟肯特伯爵，最后一声"有罪"的判决声响彻法庭。

"莫蒂默成为泰伯恩刑场上第一个被绞死的贵族。"

1330 年 11 月 29 日，莫蒂默被押往泰伯恩（Tyburn）接受处决。他被迫穿上自己在爱德华二世葬礼上穿过的黑色长袍，由两匹马拖行着前进，然后被脱掉长袍，又发表了一段简短的讲话，承认自己参与了肯特的谋杀，但仅此而已。彼时针对贵族的处决通常是斩首，只有普通的罪犯才会使用绞刑，因此，莫蒂默成为泰伯恩刑场上第一个被绞死的贵族。

农民起义

1381 年的农民起义是一次伟大的人民抗争。这场起义反对政府新征收与上一年相比高达三倍税费的人头税，因其领导者的名字而又被称为"瓦特·泰勒起义"（Wat Tyler's Rebellion）。农民奋起反抗收税员，试图终结封建农奴制度，他们控诉经济上的各种不平等，例如国王在黑死病后劳力不足的时期试图限制最高薪水的行为。5 月，起义在埃塞克斯爆发，随后席卷了东南地区。6 月，泰勒指挥着肯特军队加入了埃塞克斯民众起义的队伍，同月 13 日他带领众人进入伦敦，屠杀佛兰德商

上图：随着农民起义大军朝伦敦进发，国王理查二世也从温莎（Windsor）出发前往伦敦塔避难。叛军与一些伦敦贫民在街头发起进攻时，城中其他防御工事尚未布置完成。

人、烧毁金库，还摧毁了理查二世的叔叔兰开斯特公爵的府邸。这些动乱迫使国王理查二世于第二天在伦敦城外会见埃塞克斯的农民，接受他们的请愿并许诺改革。

　　与此同时，泰勒的手下夺取了伦敦塔。他们把这次的人头税政策归咎于政府司库和财政大臣，并将二人与兰开斯特公爵的医生一同斩首。翌日，理查二世和他的侍从在史密斯菲尔德会见泰勒及其军队，并再次承诺改革。然而当泰勒对国王出言不逊时，伦敦市长将他猛拽下马，一名侍从立刻击杀了他。理查二世当即站起身来，向愤怒的农民保证他们想要的改革，又说服众人随他一同返回城中。但这段返程很快就结束了，市长的军队包围了反抗者，理查二世赦免众人，又劝说他们回家。

　　为期一个月的农民起义最严重的暴乱已被平定，但反抗还在其他城镇继续。比如剑桥，农民与支持他们的当地居民破坏了一些大学，还将其中的档案烧毁。尽管此后人头税停止了征收，但国王矢口否认自己答应过农民的任何要求，还撤销了赦免。那些仍然在逃的起义领袖被陆续逮捕并遭受处决。

绞刑之日

中世纪的伦敦有着"绞架之城"的别名，因为它拥有众多绞刑场，如泰伯恩、塔丘与史密斯菲尔德。可怕的行刑仪式会吸引大量的观众，那些名人的处决现场更是有上千人前来围观，现场喧闹热烈的气氛就像节庆与狂欢一样。塞缪尔·约翰逊如此评价绞刑："如果没能吸引观众，绞刑的目的就没有达到。"人们会提前赶来刑

上图：理查二世和他的士兵在城墙外会见起义的农民。大多数反抗者依然尊重他们的国王，相信了他的虚假赦免，也听从命令返回家园。

左图：处决约翰·奥尔德卡斯尔的过程非比寻常——先将他在火焰上方吊起，接着再点燃绞刑架。他从伦敦塔被押往圣吉尔斯菲尔德，这样就能死在他曾经起义的地方。

刑之外，还"应当被公开贬低羞辱，以表达对这种罪行的深恶痛绝，同时警示其他基督教徒"。3月，萨特被押往史密斯菲尔德，成为火刑柱上的第一位罗拉德派教徒。几日后，议会通过法令规定发表异端邪说将被判处火刑。萨特在教派中的好友约翰·普维（John Purvey）和其他几位神父，也一样因此被判处火刑。

左图：在接受火刑之前，罗拉德派的教徒还会被游街示众并经历其他的公开侮辱。为了生存，罗拉德派转入地下活动，后来在英国的宗教改革中发挥了作用。

"他请求上帝宽恕他的敌人，然后接受了绞刑与火刑。"

约翰·奥尔德卡斯尔爵士（Sir John Oldcastle）是位尊贵勇武的骑士，他在 1417 年遭受了同样的命运，成为罗拉德派的英雄。他是亨利五世继位之前的好友，1413 年 3 月因支持罗拉德派的观点和布道而受到指控。坎特伯雷大主教称他是"异教徒重要的窝藏犯、赞助者、保护伞和辩护人"。奥尔德卡斯尔不得不面对了阿伦德尔大主教的指控，又被囚禁在伦敦塔中。他于 10 月越狱后逃回他的城堡，在全国范围内组织了一大批罗拉德派教徒朝伦敦进发。他们在圣吉尔斯菲尔德（St. Giles's Fields）遭遇国王的军队，很快败下阵来。奥尔德卡斯尔藏匿了起来，但在 1417 年底被抓获。他在议会上接受审判，随后被关入伦敦塔。就在这座塔中，他请求上帝宽恕他的敌人，然后接受了绞刑和火刑。

罗拉德派的运动被迫转入地下，但他们在 1500 年前后重新露面，又经历了更多的殉道。不到三十年，罗拉德派便与兴起的新教运动融合在一起。

公爵的女巫之家

格洛斯特公爵夫人埃莉诺（Eleanor）经常借助伦敦"眼之女巫"玛格丽·朱尔德梅恩（Margery Jourdemayne）的魔药与咒语。据说，正是玛格丽的巫术让格洛斯特公爵汉弗莱·金雀花（Humphrey Plantagenet）倾心于埃莉诺并与她成婚。汉弗莱是亨利六世（Henry VI）的叔叔，他在亨利六世 16 岁继位之前一直担任摄政王，距离王位仅有一步之遥。

因此，亨利的死对野心勃勃的埃莉诺十分有利。她再次求助于玛格丽，而"眼之女巫"为她制作了一些头戴王冠的蜡质小人，让她每天将其扔进火中融化。然而，公爵府中的三名学者兼埃莉诺的侍臣涉足其中，却不幸走漏了风声。他们因此牵连到公爵夫人，公爵夫人又随之牵连到玛格丽。1441 年，五人一同遭到围捕，他们被指控动用巫术谋反，使用黑魔法导致了国王死亡。

埃莉诺被解除婚姻，还要在伦敦城中进行公开忏悔。有证据表明她的丈夫汉弗莱对巫术一事并不知情，但他退休三年后又因叛国罪遭到逮捕，三日之后死在狱中。

埃莉诺的三名侍臣中，罗杰·博林布鲁克（Roger Bolingbroke）是一位能与亡者之魂进行交流的占星师，他承认自己参与了密谋，于 1441 年 11 月 18 日在泰伯恩被拖行、绞死与分尸；第二人可能是因为服毒而死在了狱中；第三人知晓密谋但

上图：公开忏悔时，埃莉诺手持一根蜡烛，从坦普尔城门（Temple Bar）走到圣保罗大教堂，然后在祭坛处献上蜡烛。在伦敦的其他地区，她也进行了两场类似的公开忏悔。

未参与实行，最后得到了王室赦免。

　　唯一有着卑微出身的玛格丽是一名惯犯，她曾在 1432 年因使用巫术而被监禁在温莎城堡，许诺不再犯后得到释放。玛格丽因此被判有罪，于 1441 年 10 月 27 日在史密斯菲尔德接受了火刑。

凯德叛乱

　　1450 年，前士兵杰克·凯德（Jack Cade）组织领导小地主和一些农民（以及一位堂区长和一位修道院院长）在肯特发动了一场叛乱。这些反抗者因高额赋税、强制劳动和土地充公而愤怒不已。凯德虽为爱尔兰人，却极具民众号召力，他化名为约翰·莫蒂默（John Mortimer），拥戴国王亨利六世的对手约克公爵理查为王。

上图：被杰克·凯德及其叛乱者处决的人中有财政大臣詹姆斯·费因斯（James Fiennes），他是第一任塞伊与塞尔男爵（Baron Saye and Sele）。他们从囚禁费因斯的伦敦塔中将其带走并在奇普赛德斩首。

国王向肯特派遣军队驱赶反叛者，却在塞文欧克斯（Sevenoaks）被凯德的部下击溃。凯德接着带领起义军向伦敦发起猛攻，当地民众对其表达了支持，直到他们目睹了凯德等人的暴力行径。他们夺下伦敦塔后，将坎特伯雷大主教和财政大臣斩首，又将二人的头颅插在杆上，看上去二人好像在亲吻。此外，他们还处决了肯特的郡长。当地官员同意停战，承诺满足凯德的一系列要求，还赦免了包括他在内的进攻者。然而在叛乱平息后，国王下令逮捕凯德。他逃离了伦敦，在萨塞克斯被肯特的新任郡长抓获。凯德受到了致命伤，在押回伦敦的途中死亡。他的尸体像活人那样被处以拖行、绞刑与分尸，头颅被插在伦敦桥的长杆上。

凯德叛乱虽以失败告终，却成为玫瑰战争（The War of the Roses）的导火索。莎士比亚在《亨利六世》中戏剧化了这一事件。

拉肢刑具

1078 年前后，"征服者"威廉开始修建伦敦塔作为泰晤士河北岸的要塞。他建造了著名的白塔，包括血腥塔在内的其他建筑是后来的国王在 12 至 13 世纪增建的。中世纪时期的政治囚犯顺着泰晤士河被运送到"叛逆者之门"，他们会遭受极其痛苦的折磨，以获取情报和供词，或者只是单纯的迫害和报复。

精巧刑具被发明出来后给囚犯们带来了极致的痛苦，其中拉肢刑具尤其令人畏惧。1447 年前后，拉肢刑具由埃克塞特公爵（Duke of Exeter）引进伦敦塔，因此被起绰号为"埃克塞特公爵之女"，由管理整座伦敦塔的典狱长任意使用。

拉肢刑具包括一个开口矩形边框，两端装有滚轴。结实的绳索将囚犯的手腕系在一端的滚轴上，又将脚踝系在另一端的滚轴。审问官慢慢转动连接滚轴的把手，拉伸受害者的身体。犯人的手臂和双腿会因此脱臼，有时甚至会被扯掉。这是一种最缓慢的折磨，也带来了最剧烈的痛苦。中世纪后期还会在犯人身下加上尖桩，用来刺穿并分开脊骨。上过拉肢刑具的囚犯往往四肢尽废，许多人因此身体瘫痪甚至死亡。

王室的谋杀

与英格兰的国王打交道并非易事，但伦敦不断积累的商业财富和强大政府的有力支持给予了这座城市特殊的自治权。1191 年，伦敦人民开始票选市长。富有的商人也逐渐掌控了城市，他们不仅赢得了国王的认可，还时常是国王征求意见的对象。

但王室之中的阴谋斗争仍在幕后持续上演。国王亨利六世在伦敦塔中的死亡，引发了强烈的怀疑。1453—1455 年间，亨利遗传自母亲家族的失心疯发作，或者是精神崩溃。亨利康复那一年，被卷入兰开斯特家族与约克家族之间争夺王位的玫瑰战争中。亨利的王后玛格丽特（Margaret）是支持兰开斯特一方的驱使力量，莎士比亚这样描述她："女人的皮囊之下包裹着猛虎之心。"1461 年，兰开斯特的军队在一场暴风雪中落败，胜利者宣布自己为国王爱德华四世（Edward IV），亨利和他的妻儿则逃往了苏格兰。他在 1464 年返回伦敦，次年被爱德华抓获。1470 年，势力强大的沃里克伯爵（Earl of Warwick）理查德·内维尔（Richard Neville）想要帮助亨利复辟，却在 1471 年 4 月 14 日伦敦北部的巴内特之战（Battle of Barnet）中被爱德华的军队杀死。5 月 4 日，爱德华在图克斯伯里战役（Battle of Tewkesbury）中再次获胜，他将亨利的独子击杀，为约克家族拿下了"玫瑰战争"的最终胜利。那一年，亨利被拘禁在伦敦塔中，5 月 21 日晚被人刺杀，凶手可能是爱德华四世的弟弟格洛斯特公爵理查，也就是未来的理查三世（Richard III）。亨利的妻子也被关押在伦敦塔中，她在支付赎金后得到释放，在她的家乡法国安茹度过了余生。

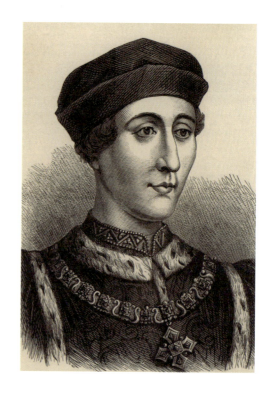

右图：亨利六世在九个月大时成为国王，此后的二十年里英格兰都由他的叔叔和表亲们统治。英国军队迎战圣女贞德（Joan of Arc）带领的法国部队时，亨利还只是一个小孩。

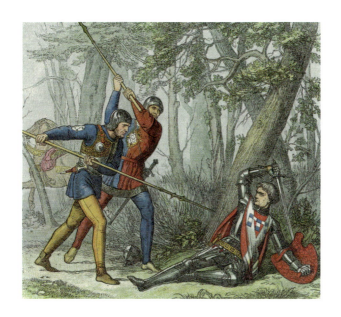

左图：兰开斯特军队的将领沃里克伯爵理查德·内维尔在巴内特之战中阵亡。为表明自己与手下将士共进退，这位"造王者"下马徒步作战，最后在撤退时被杀。

温和而虔诚的国王亨利在去世之后备受尊敬，于一场运动中被封为圣徒。人们将 174 个奇迹归功于他，其中包括复活死于瘟疫之人。朝圣者成群结队来到国王原先位于萨里（Surrey）的切特西修道院（Chertsey Abbey）、后迁至温莎的圣乔治教堂（St. George's Chapel）的坟墓前，祈求得到治愈。

炮火下的伦敦

"玫瑰战争"胜负已定，但消息很晚才传到肯特伯爵的私生子、绰号的"福肯伯格的杂种"（Bastard of Fauconberg）的托马斯·内维尔（Thomas Neville）耳中。内维尔是一名经验老到的水手，因为曾在英吉利海峡和北海（North Sea）击退海盗，于 1454 年被授予"伦敦荣誉市民"（Freedom of the City of London）的称号。"玫瑰战争"中，他先后代表两方出战，1470 年指挥爱德华四世麾下的部分约克海军，次年又被沃里克伯爵任命为兰开斯特的海军中将，他将目标锁定在占领伦敦。1471 年 5 月 8 日，国王爱德华四世的军队正在西南各郡征战，内维尔写信给伦敦当局，称自己受沃里克伯爵之托，要帮助被囚禁于塔中的亨利六世复辟，请求让军队和平穿过城市。市长和市政委员会告知他沃里克伯爵已死、兰开斯特战败，而内维尔对此表示怀疑。在拒绝承认爱德华为王后，他对伦敦发起了进攻。

"他的头颅被送回伦敦，
挂在他试图攻占的伦敦桥
上示众。"

5 月 12 日，终结了兰开斯特希望的图克斯伯里之战过去一周之后，内维尔率舰队沿着泰晤士河逆流而上，在萨塞克与赶来的约两万肯特人和埃塞克斯人组成的军队会合。他的军队在当天进攻伦敦桥并烧毁了新城门，但最终还是被守军所抵挡。两天之后，内维尔集结了五千名反抗军，并从船上搬出大炮，沿河流南岸一字排开。他们与伦敦塔炮兵部队互相开火，但守方造成的破坏更大，也击退了他的部队。此后内维尔又发起了三线进攻，调集主要兵力前往伦敦桥，同时派遣三千名士兵攻占阿尔德门和主教门（Bishopsgate），但三线进攻均以失败告终。入侵者闯入阿尔德门后，守军关上城门将其赶尽杀绝。伦敦的一支部队接着发动反击，杀死约七百人、俘获数百人。5 月 18 日，爱德华的第一支军队从考文垂（Coventry）返回。内维尔解散了手下，将他剩余的 56 只战舰交给国王。爱德华接受了他的效忠，赦免了他并封他为骑士，又任命他为海军中将。

四个月后，国王证明了他的怒火比言语更有威力。内维尔在南安普敦被约克伯爵拘捕后押往约克郡，于米德尔赫姆城堡（Middleham Castle）被斩首。他的头颅被送回伦敦，挂在他曾试图攻占的伦敦桥上示众。

小王子

理查三世是英格兰最为臭名昭著的国王之一。他的兄长爱德华四世死于 1483 年，年仅 21 岁。理查三世因此成为爱德华四世的两个儿子——爱德华（12 岁）和理查（9 岁）的监护人。小爱德华未经加冕就继位为王，但仅仅在位两个月。理查三世宣称他们父亲的婚姻无效，两个孩子沦为私生子。他将男孩们从家人的身边夺走，囚禁在伦敦塔中。那个夏天，两个孩子消失了，想必已被他们的叔叔下令杀害。托马斯·莫尔的历史记载称，杀手们进入两位王子的卧房，用羽毛被和枕头捂住他们的口鼻，直到两个孩子死去。理查三世的一位侍从骑士詹姆斯·提利尔爵士（Sir James Tyrell）在严刑拷打之下承认自己参与了这场谋杀，他于 1502 年因叛国罪被处决。莎士比亚在他的戏剧《理查三世》中也提到了这个名字。

理查三世短暂地统治了一段时间。1485 年 8 月 22 日，在"玫瑰战争"的最后一场主要战役中，理查三世在莱斯特郡（Leicestershire）被里士满的亨利（Henry of Richmond）杀死，而后者成为国王亨利七世。

1674 年，整修白塔的建筑工人在一个楼梯间的石头堆下发现了两名小孩的尸骨。四年后，它们被安葬在威斯敏斯特修道院。

上图：在发现王子们的尸体之前，一直有人相信他们还活着。1491 年，爱尔兰一名男子自称是那位更年轻的王子。

火灾

在普通的伦敦市民越发享受物质生活的同时，威胁到其生存的不只是人与人之间的恶意，还有巨大而严重的灾祸。1087 年、1136 年和 1212 年，伦敦发生过三场大火灾，烧毁了许多拥挤的、以稻草或茅草为屋顶的木房。

最严重的一场悲剧发生在 1212 年 7 月的第二周，大火席卷了泰晤士河以南的地区。这场被称为"萨瑟克大火灾"（Great Fire of Southwark）的灾难将圣玛丽·奥弗利大教堂（St. Mary Overie）和其他许多建筑完全吞噬。狂风推送火焰扑向老旧的伦敦桥，桥的石基上建了木质房屋。桥上早已水泄不通，从萨瑟克逃亡而来的人们撞上了对面赶来的救援者。仿佛是命运捉弄一般，燃烧的灰烬被吹过大桥，降落在另一端，将恐慌的人群困在路口。木桥开始燃烧时，许多人跳进河中淹死，或者爬上了救生船，而有的救生船最后也沉没了。火灾一路蔓延到没有消防队组织的城市中心，据 1603 年的一份记录估计，有三千多人因此丧生。现今认为这个数字被夸大了，但依然比 1666 年"伦敦大火灾"（Great Fire of London）造成的伤亡数字更大。

垃圾之河

泰晤士河决定了伦敦的诞生之地和城市未来的持续发展。然而在中世纪时期，河流本身的发展已让人担忧。1357 年，爱德华三世这样形容泰晤士河——"烟气弥漫、恶臭熏天"，因为"粪便和其他的污秽之物四处堆积"。当时的泰晤士河基本成为倾倒人的排泄物、屠宰场的残肢血液和许多工商业废水的下水道。汇入泰晤士河的支流上建起了 11 座公厕，伦敦桥上则另有 2 座公厕，它们的污水、粪便直接排入下方的河流，这些都大大加剧了问题的严重性。过往的船只也将船上的废弃物倾倒入河。尽管如此，许多伦敦市民仍在河中清洗衣物，将臭气转移到自己的身上。

黑死病

1348 年，一艘来自法国的轮船载着一场可怕的瘟疫——黑死病抵达了多塞特（Dorset），同年又很快传到了伦敦，在 2 月至 5 月造成了最大规模的死亡。这种疾病是腹股沟腺炎和肺炎强力结合的传染病，在当时又被称作"大死亡"（Great Mortality）。未知的感染原因加剧了人们的恐慌，而如今该疾病被认为是寄生在老鼠身上的跳蚤叮咬而导致的。2014 年，在伦敦的一具感染者遗骸上发现的证据表明，病毒还可通过空气传播，尤其是咳嗽和打喷嚏。

感染者首先会出现头痛的症状，接着开始发烧、寒战、恶心和呕吐。病人的手臂、双腿和后背会感到疼痛而僵硬，脖子上、胳膊下和大腿内侧会长出伴随剧烈疼痛的肿块，并开始渗出脓液和鲜血。通常来讲，感染者在三日之内就会死亡。

当时，伦敦大约有八万人口，而在 2 月到 5 月之间每天都要埋葬多达两百名

上图：在伦敦的东史密斯菲尔德、今英国皇家铸币局（Royal Mint）的地下发现了六具瘟疫感染者的遗骸。一支由科学家组成的国际队伍在对骨骼进行 DNA 鉴定后，发现了病毒的整套染色体组。

的遇难者。恐慌随之蔓延开来，伦敦人称这场瘟疫是上帝的惩罚。过度拥挤的城市里，清道夫全都因染病而死，让本就糟糕的卫生环境雪上加霜。瘟疫一直肆虐到 1350 年的春天，大约杀死了伦敦三分之一到一半的人口。斯皮塔菲尔德（Spitalfields）曾挖掘出一座集体坟墓，里面的尸体足足堆积了五层。这些死难者包括坎特伯雷的 3 位大主教、威斯敏斯特修道院的院长和院中的 27 位修士。

在 1665 年的"大瘟疫"（The Great Plague）之前，黑死病已经暴发过 16 次，包括 1361 年在孩童之间的大流行。

伦敦的街道——肮脏与腐烂

中世纪时期，伦敦市民仅仅是行走在城市之中，就会危及身体健康。没有铺砖的街道一片泥泞，满是污水。人们制作了一种特别的厚底鞋，能让居民行走在污秽物上。他们在前门放置低矮的挡板，防止飞溅的泥浆，又在屋内的地面铺上灯芯草，清洁双脚和鞋子。街道覆盖着人类和动物的粪便，有人说这些每天累积起来

上图：伦敦街道上是污秽的泥沼，疾病总是寄居在吵嚷的醉鬼和沉默的罪犯身上。执法力量薄弱甚至欠缺，因此居民常常需要依靠他们自己的一套正义。

估计有 50 吨重。许多居民从天窗向街道倾倒夜壶内的排泄
物，经常是在晚上，因为这种行为违反了法规。政府雇用了
扒粪人，却常常让街道的味道更臭。居民和访客也得习惯大

"街道覆盖着人类
和动物的粪便。"

街上屠宰动物后丢弃的内脏、血液和腐肉的臭味，这些东西每天都吸引着一大群携
带瘟疫病毒的老鼠。直到 1369 年，屠夫才被禁止露天宰杀动物。猪、鹅、鸡、羊
之类的活畜在大街上自由自在地漫步。除了来自动物的臭味，街道上还有各种工商
业，如煮皮革的制革厂排放的臭气。尽管安排有专门的垃圾收集日，但伦敦市民却
经常将家里的垃圾扔出门外。

　　露天焚烧混杂着臭气造成了严重的污染，爱德华一世因此在 1285 年成立了
伦敦第一个整治污染的委员会。然而到了 15 世纪，燃烧煤炭令空气污染进一步
加剧。

约翰·雷克纳

　　1374 年 12 月的某个晚上，约翰·雷克纳（John Rykener）身着女装，在
奇普赛德附近的街头与另一名男子发生关系时遭到拘捕。自称埃莉诺的他被
关进监狱，因"令人憎恶、难以启齿、下流无比的罪行"在众市政官员前出
庭。他说是别的女人教会他身穿异性服装从事这类行为的。他在伦敦以此为
生，也会花五周时间待在牛津大学接待学生和享有头衔的学者，再在伯福德
（Burford）待上六周，那里有个方济会的修道士给了他一枚金指环。他说自己
的顾客中，有几个神父、修士和修女都在免费享受他的服务。他也会以男人的
身份与女人发生关系，而这些女性当中许多都已结婚。返回伦敦后，他在伦敦
塔旁边的小路上与三名专职教士① 犯下罪行。

　　约翰是否被正式起诉、案件究竟如何结尾，我们都不得而知。在中世纪末
期的伦敦，至少有 13 名女性因剪短头发打扮成男性而被正式指控。

① "专职教士"（chaplain）指专门在监狱、医院、军队等团体中服务信教人士的神职人员。

上图：街头的贸易集市吸引了大批市民，他们很容易成为销赃者、窃贼和妓女的目标。拥堵的街道也增加了传播细菌和疾病的风险。

城中之罪

中世纪的伦敦是贼窝匪窟，从小毛贼到杀人犯不一而足，但这些人也很快会因为他们的罪行而被吊死，即便是尚且年轻的犯人。夜晚几乎一片漆黑的蜿蜒街道，成为拉客的妓女、危险的杀人犯、挥舞匕首的劫匪，以及扒手、流浪汉和老酒鬼的庇护所。厚颜无耻的扒手会在街区出售最近偷来的东西；一排排阴沉而不起眼的房屋是妓院和犯罪团伙的秘密老巢，或是失窃物品和黑市商品的储存室。甚至连许多体面的办事部门和政府也逐渐腐败，如诈骗、接受贿赂和勒索要挟。14 世纪 80 年代，这股腐败风气渗透进了市政厅，暴力甚至谋杀开始"光顾"市长的选举。

妓女在城市中遍地开花，但被禁止打扮成穿着正式或高贵的夫人和少女。她们的无衬里兜帽上必须带条纹，这也成了妓女的身份标志。妓院都集中在河对岸的萨瑟克，讽刺的是，这里也是温切斯特主教的所在地。1161 年，亨利二世将萨瑟克正式指定为"公共澡堂①"区，要求每周进行巡视检查。澡堂的经营权甚至直接归

---

① 原文为"stews/stewhouses"，实际上指"妓院"，但它们最初是公共澡堂（bathhouse）。

于主教，但绝大部分澡堂都被主教出租。到了 1378 年，萨瑟克已经有 18 座澡堂，均由佛兰德女性经营。除了获得肉体上的快感，男人们也能在此用餐饮酒、洗香薰浴。

伦敦当局认为，妓院的存在是必要之恶而非罪过，除非他们的行为超出了允许范围。例如在 1435 年的案件中，彼得·本诺特（Peter Bednot）在法庭上因"开办公共妓院接待各类夜行人"而被处以罚款。三年后，他的妻子佩特罗内拉（Petronella）被指控"在家开办澡堂"，"收留各种作恶之人，包括窃贼和来者不拒的公共妓女"。

名副其实的疯人院

中世纪的伦敦对精神疾病患者并不友好。俗称"疯人院"（Bedlam）的伯利恒

上图：若想摆脱多余的或年老的家庭成员，伯利恒是一个方便的隔离之所。丈夫们都知道，只需支付一笔数目可观的费用，就能把自己厌倦了的妻子送进去。

皇家医院（Bethlehem Royal Hospital）在 1247 年成立之初还只是一个小修道院。1330 年前后，这家医院在主教门投入使用，1403 年收治了第一批精神病人。1547 年，亨利八世将医院交给伦敦城用作疯人院。这些不幸的病患不时被他们的看护称为"囚犯"，接受的与其说是治疗，倒不如说是关押。有些人在今天看来已不再属于精神失常，如癫痫、自闭或者重度抑郁的患者。因精神失常而犯下的罪行包括从"暴力行为"到谋杀，还有一些人实际是政治原因遭到了幽禁。

伯利恒医院建立在沟渠之上，内外环境都肮脏无比，溢出的垃圾可以堵住通水口。在 1675 年迁至莫尔菲尔德（Moorfields）前，这里的员工就已经因为粗暴对待病患、向公众收取参观医院设施和一睹"怪咖秀"的费用而声名狼藉。来访者看着遭受虐待的病人做出滑稽的动作而哈哈大笑，甚至还用棍子戳他们。回家后，他们绘声绘色地描述病人们骇人的哭喊、打斗、诅咒和铁链咔咔作响的声音。这些铁链是为危险的病人准备的，他们会被拴在墙边或者关入牢房。考虑到这些人的身体机能，医院为此提供了便盆，而病人便偶尔将排泄物泼到院子里的员工和来访者的身上。

"Bedlam"一词从此也被用来形容嘈杂、混乱的地方或情况[1]。1930 年，伯利恒皇家医院搬至西威克姆（West Wickham），后来加入了英国国民医疗保健体制（National Health Service），专门从事医学研究与治疗。

血之欢愉

在中世纪的伦敦，没有什么娱乐活动能比折磨动物带来更多狂野的激情和嗜血。斗鸡、斗狗如同家常便饭，但最为壮观、怪诞的血腥活动要属逗牛和逗熊。

这项深受欢迎的娱乐活动通常在周日下午的某个斗兽场或竞技场举行，社会各个阶层的人都会前来观看。熊或牛的脖子或腿会被链条拴在木桩上，专门

---

① 同时也成为精神病院的代称。

为这项活动训练的恶犬不断骚扰、攻击它，撕咬它的耳朵、脖子和鼻子。有时为了表演效果，人们还会弄瞎这只动物的眼睛并鞭打它，或者往它的鼻子里撒胡椒粉。观众也会打赌下注，猜测被逗的动物能否在大约一个小时的折磨中幸存。

有些熊浴血多年，成为有名的英雄。莎士比亚就在《温莎的风流娘儿们》（*Merry Wives of Windsor*）里提到一只名叫萨克尔逊（Sackerson）的熊。因为公牛更加常见，所以它们即便从恶犬的攻击中幸存，最后也往往成为案板上的肉。屠夫们信誓旦旦地说，逗牛活动让它们的肉变得更加细嫩。

上图：伊丽莎白女王也曾观看这种非常流行的逗熊表演。伦敦最著名的逗熊公园位于萨瑟克。

· ÆTATIS · SVÆ · XLIX

3

都铎时期

伟大的君主时代已经到来，这些统治者用无限的权力蔑视教会、支配大众，却也为伦敦人民带来更加和平的城市并造就了莎士比亚的繁荣文化。

对页图：亨利八世晚年的肖像画，如这幅由汉斯·霍尔拜因（Hans Holbein）在国王 49 岁时绘制的作品，向世人展现其魁梧壮硕的君王形象。年轻时的亨利则是一个英俊健壮、爱好运动的男子。

都铎时期，伦敦先后由 5 位君主统治。他们巩固了君主政体、凭借具有支配力量的舰队在海外建立了英格兰殖民地，还开创了新的宗教秩序。其中 3 位统治者在整个君主制的历史中名声显赫，他们分别是亨利八世、"血腥玛丽"玛丽一世和"童贞女王"（Virgin Queen）伊丽莎白一世。

1485 年的博斯沃思（Bosworth）之战中，领兵击杀了理查三世的亨利·都铎（Henry Tudor）加冕为亨利七世，建立了都铎王朝。这位和平缔造者统一约克和兰开斯特，终结了两个王朝之间长达 85 年的内战，又与苏格兰达成了短暂的和平。他的儿子亨利八世先后娶了 6 位妻子，但亨利八世将其中的 2 位斩首，又与其中另外 2 位解除婚姻关系，令教会和公众大为震惊。此外，亨利八世还退出了罗马天主教会，立新教为英格兰国教并延续至今。玛丽一世则重振了天主教，在这个过程中将大约 280 名新教徒火刑处决，因此得名"血腥玛丽"。玛丽同父异母的妹妹伊丽

右图：拿下"玫瑰战争"的胜利后，亨利·都铎在莱斯特附近的博斯沃思加冕为亨利七世。建立了都铎王朝的亨利调解纷扰、缔造和平，还对国家政府实行了现代化改革。

莎白一世在位期间又重建了新教教会[1]，但对宗教秉持宽容的态度。在她 45 年的统治中，伊丽莎白将英格兰建设成为世界强国，也推动了许多航海的发现之旅。她终生未婚、没有子嗣，都铎王朝也就此终结。

和平、繁荣与恐慌

相较于中世纪的创伤，都铎王朝为伦敦和英格兰大部分地区带来了更多的稳定与富裕。将于 1577 年担任伦敦主教的约翰·艾尔默（John Aylmer），在 1559 年向他的同胞们宣扬了一种新的国家认同和爱国主义："汝等若是知晓英格兰人的生活何等富裕、国家何等富足，便会每日七次伏拜于上帝之前，感谢他赐予汝等英格兰人之身份，而非法国小农、意大利人或者德国人。"

伦敦出现了各种各样的休闲娱乐活动。闲暇之余，人们可以去更好的地方玩新式纸牌游戏，或是下国际象棋、跳棋和双陆棋。社会各个阶级都享受着这里的娱乐活动，他们依旧会跨越泰晤士河，前去观看逗牛和逗熊表演，就像亨利八世和伊丽莎白一世那样；或者就近去在 1599 年开张的环球剧院（Globe Theatre），享受威廉·莎士比亚、克里斯托弗·马洛（Christopher Marlowe）和本·琼生（Ben Jonson）的戏剧演出。城中也有了更多的淫靡之乐，连王室中行为不检的现象也非常普遍。例如，一名 16 岁的王室女佣被已婚的牛津伯爵勾引，1581 年在白厅（Whitehall Palace）生下了小孩。伊丽莎白女王十分不满，最终将两人关入伦敦塔。

尽管城市在发展中前进，但膨胀的人口仍然难以摆脱贫困。到 1605 年时，伦敦的城墙之内已经有 7.5 万人口，城郊则另有 15 万人口。贫困评估与救济在 1547 年就已开始执行，济贫院和私人慈善机构也提供了更多的援助，包括给穷

上图：约翰·艾尔默对自己的英格兰身份备感自豪，但他在信奉天主教的玛丽一世统治时期被迫流亡欧洲。伊丽莎白女王恢复新教后，艾尔默才返回英格兰。

---

[1]　原文为"罗马教会"（Roman Church），而伊丽莎白一世为新教徒，疑作者笔误。

人分发粮食。

都铎时期的英格兰认为，上至国家下至家庭，各个层级都需要权威与秩序。1476 年由威廉·卡克斯顿（William Caxton）在伦敦威斯敏斯特建立的英格兰第一家印刷厂使得这样的思想广为传播。作家托马斯·埃利奥特爵士（Sir Thomas Elyot）在 1531 年写道："若是去掉事物的秩序，又还剩下些什么呢？"然而对于统治阶级来说，文化的普及和获取知识途径的增加也带来了问题。1543 年亨利八世下令，禁止劳工、学徒甚至是女性阅读最新的英文版《圣经》①。

笼罩在这种秩序上方的是统治者酿造的更大危机。如果都铎的君主声称有异教徒的存在，那么这些人就一定存在。尽管伦敦的市民已更加文明，但他们的统治者却并未如此。曾被教皇授予"信仰捍卫者"（Defender of the Faith）头衔的亨利八世在 1536 年公然违抗梵蒂冈教廷，宣布脱离教会并解散修道院。都铎时期的用刑和处决的频率比其他任何时期都要高。据估计，亨利八世下令处决了 5.7 万到 7.2 万人，"血腥玛丽"则在不到五年的时间里用火刑烧死了大约 280 名新教徒。

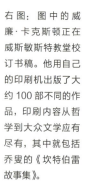

右图：图中的威廉·卡克斯顿正在威斯敏斯特教堂校订书稿。他用自己的印刷机出版了大约 100 部不同的作品，印刷内容从哲学到大众文学应有尽有，其中就包括乔叟的《坎特伯雷故事集》。

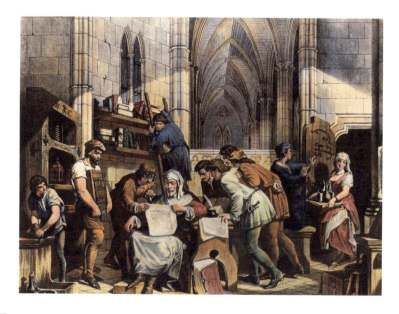

① 即 1539 年出版的《大圣经》（*The Great Bible*），由柯福代尔（Coverdale）基于 1537 年的《马太译本圣经》（*Matthew's Bible*）编辑修订，1541 年再版时加上了坎特伯雷大主教托马斯·克兰麦（Thomas Cranmer）的序言。

除了王权带来的恐惧，都铎人民还始终生活在感染瘟疫和其他疾病的危险之中。肺结核、痢疾、感冒、伤寒和天花都曾席卷整座城市。伊丽莎白一世就在 1562 年感染天花，险些丧命。夏日时节，人们尤其害怕那诡异的汗热病，发病者可能在数小时内死亡，或者像当代历史学家爱德华·霍尔（Edward Hall）所言："午餐时还生龙活虎，晚餐时已撒手人寰。"亨利八世的大臣托马斯·克伦威尔的妻子和两个女儿就死于这种疾病；安妮·博林成为亨利八世的第二任妻子前，也在 1538 年经历了一次"汗热病"，差点与她的父亲和兄长一道丧命。亨利八世本人则避开人群，在 1517 年不断迁移王宫，从而远离了这场可怕的传染病。

"冒牌货"沃贝克

觊觎王位之人向来层出不穷，他们很多都凭借婚姻、生育或非正当行为攀上关系，但珀金·沃贝克（Perkin Warbeck）却非同寻常。他出生于佛兰德斯（Flanders）① 的图尔奈（Tournai），后来居住在葡萄牙，直到 1491 年受雇于丝绸商人而前往爱尔兰。约克家族的流亡者对身穿丝绸服装的沃贝克印象深刻，便说服他假扮约克公爵理查，也就是 1483 年伦敦塔内两位失踪王子中的年幼者。当时，许多人都认为弟弟在哥哥爱德华五世被理查三世谋杀之前逃脱了。于是沃贝克前往欧洲征

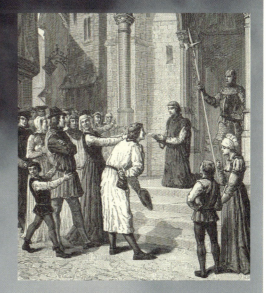

右图：在泰伯恩接受处决之前的五个月内，珀金·沃贝克被迫在威斯敏斯特和奇普赛德做了两场公开忏悔。

① 中世纪欧洲的伯爵领地，包括现比利时及法国各一地区。

召军队，还拜访了失踪王子理查的姑母——勃艮第的玛格丽特（Margaret of Burgundy）。她指导沃贝克如何扮演这个角色，然后公开支持他继承王位。与她一道的还有苏格兰的詹姆斯四世（James IV）和奥地利的马克西米利安一世（Maximilian I），也就是神圣罗马帝国的皇帝。

1495 年和 1496 年，沃贝克率军入侵英格兰，但都以失败告终。随后，他前往苏格兰与詹姆斯四世的表亲凯瑟琳·戈登（Catherine Gordon）成婚。1497 年，沃贝克在康沃尔（Cornwall）登陆，以理查四世的身份宣布即位。他得以组建起一支六千人的军队，但在埃克塞特被亨利七世训练有素的士兵击溃，亨利也避免了都铎首位国王即遭颠覆的尴尬。这个"冒牌货"逃去汉普郡（Hampshire）的博利厄（Beaulieu）后被抓获，他承认自己犯下了欺骗之罪。沃贝克被囚于伦敦塔中，在一次越狱未果后于 1499 年接受了绞刑。这样的处决方式对于谋反之人来说已经非常仁慈。

斩首十一斧

玛格丽特·波尔（Margaret Pole）是约克家族的一员。他们在 1485 年的博斯沃思战败，使得亨利七世登上王位，成为都铎的第一位国王。玛格丽特的弟弟爱德华是约克家族的下一任继承者，1499 年在伦敦塔中被处决，这也标志着历经 14 位君主的金雀花王朝就此终结。

国王将她许配给理查·波尔爵士时，玛格丽特迎来了更加美好的人生。她先后生下五个孩子，丈夫则在 1504 年去世。五年之后亨利八世继位，玛格丽特受召服侍王后阿拉贡的凯瑟琳（Catherine of Aragon），从此更是好运连连。家族的土地得到归还、家族的头衔得到恢复，她也成为富有的索尔兹伯里女伯爵（Countess of Salisbury）。然而在 1533 年，凯瑟琳与亨利的婚姻破裂，玛格丽特的人生也因为支持凯瑟琳而急转直下。她在伦敦塔中受困两年，又被指控叛国与协助、教唆两个儿子公开反对亨利。

1541 年 5 月 27 日上午 7 时，玛格丽特被处决。时年 67 岁的她疾病缠身、虚弱不堪，需要由人拖至断头台。但她不愿俯身放上头颅，直到最后被逼就范。当时

上图：超过 100 名观众在格林塔（Green Tower）观看了玛格丽特·波尔被笨拙地斩首。如今仍有人声称于塔内看见她的鬼魂，在她每年忌日之时会重现她被处决时的情景。

> "最后用了十一斧才将她的头颅和肩膀砍碎。"

用斧的刽子手年纪轻轻，缺乏经验，在玛格丽特挣扎之时挥斧出现了偏差，使第一斧砍在了她的肩膀上，最后甚至用了十一斧才将她的头颅和肩膀砍碎。另有人说，玛格丽特从处决者手下挣脱，但在逃跑途中被砍倒。

罗马天主教堂于 1886 年追封她为殉道者。

亨利八世的六任妻子

亨利八世的婚姻问题主要源自他对男性子嗣的渴望，却也与他的本性不忠和妻子们或真实或捏造的婚外情有关。有一则流行的口诀描述了亨利六任妻子的命运："离婚、砍头、病死、离婚、砍头、存活。"

1509 年，17 岁的亨利国王与阿拉贡的凯瑟琳成婚。凯瑟琳比亨利年长五岁，是国王兄长的遗孀。两人的婚姻在 1533 年被取消，以便让亨利能够迎娶安妮·博林。凯瑟琳在三年后去世，她和亨利的女儿将成为女王玛丽一世。

1533 年，怀有身孕的安妮·博林与亨利暗中成婚。同年亨利在外有了情人，次年又找了另一个。安妮产下一个女孩（后来成为女王伊丽莎白一世），另一个男孩却胎死腹中，于是国王又开始寻求自由之身。1536 年，亨利获得了马克·斯米顿（Mark Smeaton）承认他与安妮有染的认罪。斯米顿是安妮的一名乐师，而他的供词是在严刑拷打之下获得的。安妮矢口否认，却被立刻送进伦敦塔，她还被指控另有四名情人。这五名男子在 1536 年 5 月 17 日接受了处决，安妮则在两天之后也接受了处决。

安妮被斩首后的第二天，亨利与简·西摩成婚（Jane Seymour）。简是安妮的女仆，因其自身的美德①而为人所知。1537 年 10 月 12 日，简生下了亨利渴求已久的儿子，但她本人则在 12 天后因产褥热而死，他们的儿子则将成为国王爱德华六世（Edward VI）。

克里维斯的安妮（Anne of Cleves）从德国克里维斯公国受召而来，成为亨利的第四任妻子。国王发现安妮长得并不漂亮，说她身上有味道，还怀疑她的处女之

---

① 据说简·西摩尤其注重操守和礼节，在安妮·博林还是王后时拒绝了国王亨利的求爱；成为王后之后又下令整改宫中的奢靡作风，推崇端庄保守的服饰。

上图：伊丽莎白一世的母亲安妮·博林是亨利八世斩首的第一个妻子。一旦国王打算离婚或者处决妻子，便再也不会被她们的恳求打动。

上图：凯瑟琳·霍华德经由泰晤士河被送往伦敦塔。她的过往情史曝光后，议会通过法案规定，不贞之女嫁给国王将被视为叛国罪。

身，但他们还是在 1540 年 1 月 6 日成婚。这段婚姻并不圆满，二人从未圆房，7月便以离婚告终。

　　与克里维斯的安妮离婚之前，亨利便在追求宫中一个名叫凯瑟琳·霍华德（Catherine Howard）的侍女，她是安妮·博林[①]十几岁的表妹。1540 年 7 月，国王与安妮离婚，又与凯瑟琳结婚。很快，凯瑟琳的过往情史传到了国王耳中，于是他要来一把剑，这样就能亲手杀死她。调查还发现，王后的新欢名叫托马斯·卡尔佩珀（Thomas Culpeper），是亨利枢密院的成员之一。于是，卡尔佩珀、凯瑟琳和她的旧情人弗朗西斯·迪勒姆（Francis Dereham）被全部送进了伦

---

① 凯瑟琳·霍华德是亨利八世第二任妻子安妮·博林的表妹。此处原文为"Anne of Cleves"（克里维斯的安妮），系作者笔误。

敦塔。两名男士的处决在 1541 年 12 月 10 日执行，凯瑟琳则在 1542 年 2 月 10 日被处死。斩首前夜，这位王后不断练习如何将脑袋放在断头台上，以便优雅而有尊严地死去。

亨利的最后一任妻子凯瑟琳·帕尔（Catherine Parr）已经两次丧夫、没有子嗣，国王前几任妻子的命运令她稍感焦躁不安，但他们还是在 1543 年成婚了。对于年龄渐长的亨利来说，凯瑟琳是一位可钦可佩的好妻子，甚至还在他征战法国时担任摄政王。1547 年亨利死后，她嫁给了托马斯·西摩爵士（Sir Thomas Seymour），也就是亨利第三任妻子的兄弟。次年，凯瑟琳生下唯一的孩子，然后在六天后死去。

肯特修女

伊丽莎白·巴顿（Elizabeth Barton）又称"肯特圣女"（Holy Maid of Kent），她为人单纯却极具想象力，曾做出预言并抨击亨利八世对待几位妻子的方式。她本是坎特伯雷大主教威廉·沃勒姆（William Warham）的家仆，在他位于肯特郡奥尔丁顿（Aldington）附近的宅邸中工作。1525 年，19 岁的伊丽莎白多次精神恍惚，其间还幻视到附近的一座小教堂。被带至小教堂后，她陷入某种持续了一周的幻想，时而大喊大叫，时而道出神秘预言。从此之后，小教堂里的朝圣者蜂拥而至。一位修士让她加入了坎特伯雷附近的本笃会（Benedictine）女修道院。伊丽莎白名声大噪，吸引着越来越多的朝圣者。

伊丽莎白开始预言道，如果亨利取消与阿拉贡的凯瑟琳之间的婚姻，继续与安妮·博林交往，那么将产生严重的后果——亨利会失去王位，还会"像恶人一样死去"。红衣主教托马斯·沃尔西（Thomas Wolsey）和托马斯·莫尔爵士（Sir Thomas More）此前都曾与她会见，而大胆的伊丽莎白在亨利来到坎特伯雷时与他当面对峙，警告国王所面临的危险。

亨利与安妮·博林结婚后，这位修女继续对国王的未来做出恶毒预言。坎特伯雷大主教托马斯·克兰麦对此展开调查，伊丽莎白因此被捕，她承认自己伪装恍惚、编造了预言，她与自己的支持者一同被议会判处死刑。1534 年 4 月 21 日，伊丽莎白和五位神父被押往泰伯恩接受拖行、绞刑与分尸。托马斯·莫尔爵士也受到

指控，但他出具了一封据说是自己写给伊丽莎白的信，内容是警告她不要插手王室
事务。

下图：托马斯·莫尔爵士的女儿在父亲前往刑场的路上
与他道别。他说："我因作为国王的忠仆而死，但我首先
是上帝的忠仆。"罗马天主教会后来封莫尔为圣徒。

致命友谊

　　太过亲近国王而引火上身的不只有亨利八世的妻子们。宫廷成员也可能在一夜之间从深得信赖的顾问变成叛国贼，从王宫走向伦敦塔或是更可怕的地方。亨利的众多宠臣中，有三人大名鼎鼎却下场凄惨，他们分别是红衣主教托马斯·沃尔西、托马斯·莫尔和托马斯·克伦威尔。

　　托马斯·沃尔西是屠夫之子，后来成为红衣主教和亨利的"终身"大法官。他起初是坎特伯雷大主教的专职教士，后来效忠于亨利七世。亨利八世继位后，托马斯迅速晋升，1514 年当上约克大主教，一年后出任红衣主教。他被国王任命为大法官，在 1515 年到 1529 年间成为王座背后的势力，手握国家众多行政大权，还几乎掌控着对外关系。例如，1520 年 6 月 7 日至 24 日，亨利和法国国王弗朗索瓦一世（Francis I）在法国加来（Calais）附近引人注目的"金缕地"（The Field of Cloth of Gold）会面，便是由沃尔西安排的。他因孜孜不倦的工作而积累了许多财富，在伦敦西南方向 30 千米处修建了汉普敦宫（Hampton Court Palace）。然而在宫廷中，沃尔西的傲慢和富裕让他遭到大多数人的厌恶。

上图：沃尔西在垮台之前与亨利八世关系密切。国王将许多国家大权都托付给了他，他也因此积累了仅次于国王的巨大财富。

上图：托马斯·克伦威尔爵士是一位杰出的律师，在垮台之前也是国王最优秀的顾问之一。1528 年，克伦威尔经历了个人悲剧，他的妻子和两个女儿患"汗热病"而死。

> "莫尔自己蒙上了眼睛，在这场悲剧中占据了最后的一点主动。"

沃尔西的垮台与亨利想要儿子的愿望莫名地联系在了一起。阿拉贡的凯瑟琳生了女儿，于是国王想取消这段婚姻，便派沃尔西前去说服教皇。尽管沃尔西颇有影响力，但他还是失败了。亨利勃然大怒，指控沃尔西听从了教皇这个国外势力的命令。1526 年汉普敦宫建成后，亨利将其占为己有。他禁止沃尔西接近自己，四年后又将其派到约克教区。接着，诺森伯兰伯爵（Earl of Northumberland）在约克附近的卡伍德（Cawood）集镇上以叛国罪逮捕了沃尔西。1530 年 11 月 29 日，（双腿被绑在自己马上的）沃尔西在前往伦敦接受审判的途中死亡。有传闻说，他为了逃避斩首而服毒自杀。

托马斯·莫尔爵士过着养尊处优的生活。他的父亲是伦敦的律师和法官，而他本人则就读于牛津大学，后来也成为一名律师。莫尔聪颖过人、严谨认真，1510 年出任伦敦代理郡长；1517 年成为亨利的私人顾问，担任国王秘书和首席外交官；1521 年封爵，两年后当选下议院议长；1525 年就任兰开斯特公国大臣。莫尔的《乌托邦》（Utopia）在 1516 年出版，书中描绘了一个由理性统治的完美社会。

莫尔是罗马天主教会的热情支持者，他甚至会亲自审问异教徒，还将一些人送上了火刑柱。当亨利与罗马决裂并成为英格兰教会的最高领袖后，莫尔辞去了大臣职位，反对国王取消与阿拉贡的凯瑟琳之间的婚姻。极度虔诚而坚守道德的莫尔拒绝参加安妮·博林成为王后的加冕仪式。1534 年 4 月，王室委员会召见莫尔，要求他宣誓赞成《继承法案》（Act of Succession），宣布亨利与安妮的婚姻有效。莫尔承认了安妮的王后身份但拒绝宣誓，因为宣誓便是承认亨利成为英格兰教会的领袖，而非教皇。4 月 17 日，他被关入伦敦塔，直到次年 7 月 1 日因叛国罪接受审判。安妮的父亲、兄弟和侄子在内的法官一致宣布莫尔有罪，判处他拖行、绞刑与分尸，但亨利将其改为斩首，7 月 6 日在塔山执行。莫尔请求他们将自己安全地带上刑场，"至于怎么下来，也让我自己安排吧"。与常规程序不同的是，莫尔自己蒙上了眼睛，在这场悲剧中占据了最后的一点主动。

托马斯·克伦威尔也有同样悲惨的结局，即便他是宗教改革和解散修道院的促成者。有关克伦威尔的早年生活我们所知甚少，只知道他出生于伦敦附近的帕特尼（Putney），曾在欧洲度过一段时间，父亲是一名酿酒师和铁匠。1520 年，克伦威尔的地位逐渐上升，他成为红衣主教沃尔西的事务律师，五年后被派去指挥解散一些小型修道院。沃尔西垮台后，克伦威尔进入议会。1530 年，他被亨利选作枢密院成员，第二年时已是国王信赖有加的顾问。1534 年，他确保了《至尊法案》（*Act of Supremacy*）的通过，使得亨利成为英格兰教会的领袖，而非教皇。1539 年，他出任掌礼大臣（Lord Great Chamberlain），次年被册封为埃塞克斯伯爵。国王将他任命为代理主教，负责解散修道院。到了 1540 年，克伦威尔已将它们全部解散。

尽管克伦威尔功绩斐然，但这位平民的崛起和他统领宫廷的方式却令诺福克公爵托马斯·霍华德（Thomas Howard）颇为厌恶，他也因此面临着霍华德精心谋划的一场阴谋。此外，克伦威尔也因新教倾向和他与路德教派的联系而陷入麻烦。1539 年，霍华德和其他敌对者通过反新教法案。1540 年，克伦威尔让事态雪上加霜，他为国王与克里维斯的安妮精心策划的婚姻在六个月后破裂，让国王在公众面前蒙羞。1540 年 6 月 10 日，克伦威尔因异端邪说和叛国行为遭到了逮捕，未经审讯就被定罪。7 月 28 日当天，亨利与凯瑟琳·霍华德成婚，克伦威尔则在伦敦塔中被斩首。年轻的刽子手用了三斧才完成处决。有传闻说亨利故意选择了这名缺乏经验的处决者——"一个衣衫褴褛的屠夫和守财奴"。

油中沸煮

亨利八世在位期间，议会通过了一种恐怖的刑罚，要像对待叛徒一样用油沸煮投毒之人，而第一名不幸接受此刑的受害者名叫理查德·罗斯（Richard Roose），是罗切斯特（Rochester）主教约翰·费舍尔（John Fisher）的厨师。罗斯在主教与仆人晚餐共用的粥锅中加入了有毒的粉末，试图杀死他的雇主。主教当时并不饿，于是这顿晚餐被其他人吃下，造成两人（一名家族男性和一名贫穷寡妇）死亡，数人因此终身伤疾。被捕后，罗斯声称他只是在恶作剧，以为自己加入的是泻药，但在国王的命令下，他未经审判就被定罪。

1531 年 4 月 5 日，罗斯在伦敦史密斯菲尔德的一口大锅中接受煮刑。有目击者称"他的惨叫震耳欲聋"。幸存的主教约翰·费舍尔则在亨利与安妮·博林成婚一事上同国王发生了争执，1535 年 6 月 22 日在塔山被斩首处决，头颅于塔桥（Tower Bridge）示众。

足枷与颈手枷

都铎时期，轻罪的处罚一般是公开羞辱而非拷打或死刑，而两种常见的公开羞辱——将犯人锁在足枷和颈手枷中，似乎的确只是轻微的折磨。足枷包括一块有孔的铰链式木板，能将囚犯的双脚固定。颈手枷则是足枷的一种变形，铰链式木板用一到两根长杆支撑起来，将犯人的头部和双手固定在孔中，迫使他们站立。两种刑具通常都被放置在非常公开的场合，如市场。围观群众可以嘲笑、殴打、唾弃或谩骂囚犯，也会向其扔掷腐烂的食物或者更糟糕的东西。

在这些刑具中经常看到的罪犯，包括恶棍和妓女等。1488 年，克里斯汀·霍顿（Christine Houghton）因"开办公共妓院、从事卖淫活动"被定罪且被勒令离开伦敦。重返后，霍顿被判处两个小时的颈手枷示众，然后是为期一年零一天的监禁。

上图：颈手枷上的犯人更加难受，他们不得不一直站立着，屁股还容易被别人拳打脚踢。

上图：被告出庭前，足枷也被用来扣押其数小时。这种痛苦的刑具在 1872 年被废止。

斩首年轻的女王

1553 年，爱德华六世去世，简·格雷（Jane Gray）成为女王。爱德华同父异母的姐姐玛丽本该是继承人，但因为她是一名天主教徒，所以新教徒诺森伯兰公爵说服将死的国王剥夺了她的继承权。爱德华宣布，玛丽和自己另一个同父异母的姐姐伊丽莎白为私生子。就这样，诺森伯兰公爵为 16 岁的简巩固了王位。简是亨利七世的曾外孙女，嫁给了诺森伯兰公爵的儿子吉尔福德·达德利（Guildford Dudley）。得知自己成为女王的简顿时晕厥过去，众人经过一番苦劝才让她接受了这个头衔。

简的统治只持续了九天，玛丽便和她的支持者进军伦敦，声称要延续都铎王朝。甚至连简的父亲萨福克公爵都转而支持玛丽，劝他的女儿放弃王位。简欣然答应，说她只是在遵循父母的意愿。新任女王赦免了多塞特（Dorset）①，又承诺会从宽对待简，但那个年轻的女孩认了罪，与丈夫一同因叛国被判死刑。玛丽暂缓了对简的处决，但由于多塞特在 1554 年 2 月参与了托马斯·怀亚特（Thomas Wyatt）发起的叛乱，对简的处决又被女王恢复了。后来，玛丽再次尝试拯救简，她委派圣保罗大教堂的教长去劝说简改信天主教，却遭到了拒绝。

2 月 12 日上午 10 点，简透过伦敦塔的窗户目睹了丈夫吉尔福德·达德利被斩首。他的遗体被送去祈祷室一个小时后，简也被带到塔内的斩首木前。一袭黑衣的她手捧祈祷书，对着面前的一小群人发表了最后的演讲。她说，别人以她的名义得罪了玛丽，因此"在上帝和你们这些虔诚的基督教徒面前，我今天洗净双手以示清白"。诵读完《诗篇》（Psalm）第 51 篇后，简开始褪去最外面的长袍。蒙面的行刑者上前接过衣服（因为这将成为他的财产），简吓得后退，让他离远一些。她告诉行刑者："我恳请你给我一个痛快。"简将手套递给她的侍女，然后被蒙上了眼睛。看不见四周的简一边摸索着寻找斩首木，一边问道："我该做什么？木台在哪里？"被人领向斩首台后，她呼喊道："主啊，我将灵魂托付在您手中！"接着，她被刽子手一刀砍下了头颅。她的父亲被逮捕时正藏在一棵空心树的树干中，两天之后也接受了处决。

---

① 简的父亲。

保罗·德拉罗什（Paul Delaroche）的著名油画作品在位于伦敦的英国国家美术馆（The National Gallery）展出，其描绘了简·格雷被处决。行刑者举起她那被砍下的头颅说道："女王的所有敌人都将如此灭亡。瞧吧，这便是叛徒的头颅。"

左图：伊丽莎白公主经由"叛逆者之门"进入伦敦塔。这道水闸由爱德华一世下令建造，原本是他进入圣托马斯塔（St. Thomas's Tower）的通道，但后来因用驳船运送叛徒而得名。

怀亚特叛乱

　　为了在英格兰恢复天主教，玛丽·都铎计划与西班牙的菲利普王子（Prince Philip of Spain）联姻，却因此引发了一场推翻女王统治、匡正其同父异母之妹伊丽莎白公主的谋反。四场起义按计划在赫里福德郡（Herefordshire）、莱斯特郡（由塔中囚徒简·格雷的父亲领导）、英格兰西南部①和肯特郡爆发。小托马斯·怀亚特爵士（Sir Thomas Wyatt the Younger）是肯特郡起义的领导者之一，他们旨在促成伊丽莎白与爱德华四世后代爱德华·考特尼（Edward Courtenay）的联姻，但考特尼却将此事告诉了玛丽女王作为"报答"。另外三位领导者没能成功举兵，但

"被囚禁在伦敦塔中的怀亚特经历了严刑折磨，却始终没有供出伊丽莎白。"

怀亚特并未就此罢休。1554年1月25日，他在肯特郡的梅德斯通（Maidstone）发表动员演说，称这场叛乱与其说是反抗女王，倒不如说是"与异族人的争吵"，也就是那些在女王联姻之后会被吸引到英格兰来的西班牙人。

---

① 第三场起义的具体地点为英格兰西南部的德文郡。

玛丽立刻令诺福克公爵领军追击怀亚特，镇压这场叛乱，但公爵没能与敌人交战，实际上他还加入了怀亚特的阵营。

怀亚特带领大约 3000 人的部队开始向伦敦进军。玛丽也对一大群人发出号召，称她的枢密院建议自己完成婚约，但她首先是嫁给了她的子民和人们的共同福祉。这段讲话振奋了伦敦市民，2 月 3 日怀亚特的军队到来时，市民们关上城门，镇守伦敦桥。然而怀亚特穿过金斯顿大桥（Kingston Bridge），在 2 月 7 日抵达海德公园（Hyde Park）和鲁德门。恐惧在城市居民之间蔓延开来，众人劝玛丽逃走，但她让宫廷朝臣祷告，保证他们会得到上帝的庇佑。

玛丽没有猜错。怀亚特的起义没能得到伦敦市民的支持，他的部队也随之变得杂乱无章、混乱散漫，于是皇家军队上前俘获了起义军的领袖。被囚禁在伦敦塔中的怀亚特经历了严刑折磨，却始终没有供出伊丽莎白。他在接受斩首时，蒙上自己的眼睛说当时被关在塔里的人（伊丽莎白便是其中一员），"都对我的起义不知情"。这句话也许救了伊丽莎白的命，因为她只被囚禁了两个月。

怀亚特的手下有近百人被处决并残毁后在全城示众，但玛丽女王还是释放了大部分叛徒。

> "怀亚特的手下有近百人被处决并残毁后在全城示众。"

"血腥玛丽"何等血腥？

在亨利八世代替教皇成为英格兰教会的领袖后，阿拉贡的凯瑟琳与亨利的女儿玛丽依然同母亲一样保持着对天主教的虔诚信仰。当亨利与安妮·博林结婚并有了女儿伊丽莎白时，议会通过法案宣布玛丽为私生女，剥夺了她的继承权。1544 年她承认亨利为教会领袖后，玛丽的身份得以恢复。她 16 岁的弟弟，也就是新教徒爱德华六世，在死前指定简·格雷作为他的继任者，但玛丽的支持者颠覆了"九日女王"简的统治，还精心策划将其斩首，尽管新任女王对此颇为惋惜。

玛丽在 1553 年继位后的第一步就是恢复天主教。她计划与自己的表亲，即西班牙的王位继承人菲利普二世结婚，从而巩固天主教的地位。此举引发了议会的反对，也导致了诸如怀亚特叛乱之类的叛乱，但婚礼依旧在 1554 年举行，玛丽宣布她的丈夫成为英格兰国王。彼时，玛丽 38 岁，菲利普 26 岁。

至此，玛丽将教会的权力还给了教皇。她下令在宫廷和伦敦全城举行弥撒，又

左图：西班牙国王菲利普二世和他的妻子玛丽一世女王在公开游行。玛丽年长菲利普12岁，而她的丈夫起初也对这场由他父亲，即玛丽的表亲查理五世安排的婚姻有所顾虑。

恢复了判处新教徒火刑的法律来惩罚异端邪说。女王全力反对新教"异端"，因此获得了"血腥玛丽"的称号。那些被烧死的人包括坎特伯雷大主教托马斯·克兰麦、主教休·拉蒂默（Hugh Latimer）和主教尼古拉斯·里德利（Nicholas Ridley）。据估计，玛丽在位期间，有多达 280 名新教徒被杀害。

菲利普仅在英格兰待了 14 个月后就返回了西班牙。他在 1556 年成为西班牙国王，随后因为与玛丽的婚姻他也将英格兰拖入了与法国的战争中。1558 年 1 月，加来陷落，这是英格兰在英吉利海峡对岸的最后一块属地。没有子嗣（但经历了两次假性怀孕）的玛丽在次年去世，时年 42 岁。

托马斯·克兰麦

在诺丁汉郡出生的托马斯·克兰麦就读于剑桥大学，在 1533 年成为一名神父。亨利八世在埃塞克斯遇见他时，克兰麦正在那里躲避瘟疫。得知这名年轻人支持自己与阿拉贡的凯瑟琳取消婚姻后，亨利将他招入代表团，1530 年他被派去罗马申辩离婚事宜。两年后，亨利任命托马斯为驻神圣罗马帝国大使，期望他能借机调查路德教。在此期间，克兰麦与一名路德教改革家的侄女结了婚。他不得不隐瞒此事，直到 1533 年成为第一位信仰新教的坎特伯雷大主教。正是克兰麦宣布了亨利与阿拉伯的凯瑟琳的婚姻无效，也是他操办了亨利与安妮·博林的婚姻，又在之后因为安妮

上图：在大批观众面前，休·拉蒂默和尼古拉斯·里德利一同在牛津被处以火刑。他们与托马斯·克兰麦都在牛津大学的圣母玛利亚教堂接受审判，然后被立刻宣布有罪。

所谓的通奸行为宣告婚姻无效。他还帮助亨利与克里维斯的安妮离了婚，也在促成处决凯瑟琳·霍华德的过程中扮演了重要角色。

"托马斯·克兰麦是女王玛丽向新教徒宣战后的知名受害者。"

随着亨利八世去世、爱德华六世继位，推动了《圣经》英译的克兰麦又在 1549 年开始为教会编著新的《公祷书》（*Book of Common Prayer*）。但他犯下大错，在爱德华死后支持简·格雷继承王位。1553 年，玛丽成为女王并恢复天主教后，以叛国的罪名审判了克兰麦。他签署了六份言论声明，承认自己支持新教的错误，并认同教皇为教会领袖。尽管如此，克兰麦依旧在 1556 年 3 月 21 日的牛津遭受了火刑。几个月前，他曾被迫在高塔上观看了休·拉蒂默和尼古拉斯·里德利两名主教因同一件事被处决。

牛津的其他殉道者

托马斯·克兰麦是女王玛丽向新教徒宣战后的知名受害者，但还有两位牛津的殉道者休·拉蒂默和尼古拉斯·里德利，也同样用他们的无畏鼓舞了民众。二人早于克兰麦五个月被处以火刑。如今，巨大的殉道者纪念碑（Martyrs' Memorial）坐落在牛津北门之外的荒地附近，靠近三人死去的地方。这座纪念碑建成于1843年，而在他们真正的殉道之地，有一个小小的鹅卵石十字架铺在宽街（Broad Street）的正中位置。

休·拉蒂默是莱斯特郡一名农夫的儿子，就读于剑桥大学，1510年前后被任命为天主教神父。1525年，拉蒂默改变信仰成为新教徒，公开支持国王亨利八世取消与阿拉贡的凯瑟琳的婚姻。1530年，亨利听见拉蒂默的布道后将他任命为宫廷神父，但两年后拉蒂默因否认炼狱的存在、反对敬奉圣徒，被逐出教会并关入监狱。亨利的首席大臣托马斯·克伦威尔帮助拉蒂默在1535年当上了伍斯特（Worcester）主教，拉蒂默也因此成为宗教改革的主要倡导者。拉蒂默的一些观点让自己被关进了伦敦塔，但年轻的爱德华六世即位后，他得以在更加强大的新教庇护下恢复自由。拉蒂默有关宗教改革的布道在教堂吸引了大批会众，也得到了宫廷的支持。

但这些行为也在玛丽·都铎成为女王、开始处决具有深远影响的新教徒时，为拉蒂默带来了灭顶之灾。曾经支持新教徒女王简·格雷的他因叛国罪被捕，在牛津的审判中被宣布有罪并处以火刑。1555年10月16日，他与另一位知名的改革家尼古拉斯·里德利被铁链绑在一起。一捆点燃了的木柴放到里德利脚下后，拉蒂默鼓励着这位比他年轻了大约15岁的主教："里德利先生，振作起来，拿出气概。今日我们当以上帝的恩赐，在英格兰点燃这支我相信将永不熄灭的蜡烛。"他也因此获得了美名。

尼古拉斯·里德利出生在诺森伯兰，与休·拉蒂默一样就读于剑桥大学，在1534年前后成为神父。在法国完成学习后，里德利返回剑桥，成为影响了新教的改革运动领袖。里德利先是在坎特伯雷和威斯敏斯特担任教士，后来成为罗切斯特主教，1550年又出任伦敦主教，负责编著新的《公祷书》。他奉行着改革思想，擅自更换教堂附有圣餐桌的祭坛，也否认天主教的圣餐面包将变成耶稣身体的圣餐变体说。

里德利与拉蒂默一样支持简·格雷继任女王，因此在天主教徒玛丽一世即位后立刻因叛国罪被逮捕。里德利很快便被定罪，1555年10月16日与休·拉蒂默一同被处以火刑。拉蒂默死时似乎没有什么痛苦，但里德利却饱受煎熬，因为在他脚下点燃的是生木①，炙烤着他的下半身。他的兄弟和另一名男子拨弄柴堆，好让火焰烧得更旺，从而加速他的死亡，但里德利最终因为脖子上绑着的火药爆炸而死，而他的兄弟便是给两名主教绑上炸药的人。

童贞女王

　　玛丽女王在 1558 年去世后，王位传给亨利八世与被他处死的安妮·博林的女儿。伊丽莎白一世继位时没有结婚，虽然她需要诞下子嗣才能延续都铎王朝。因此，女王于 1559 年在议会发表的第一次讲话令议员们相当气馁，因为她在结尾处说道，自己将来的墓碑要刻上"此处埋葬着伊丽莎白，一位至死纯洁的贞女"。伊丽莎白的众多追求者里也包括西班牙的菲利普二世，他希望能让英格兰继续信仰天主教。

　　伊丽莎白一世是位谨慎的女王。在英格兰恢复新教的过程中，她没有无情地施加报复，而是废除了玛丽确立罗马教会地位的法律。伊丽莎白允许在玛丽的葬礼上举办弥撒，但许多主教都担忧他们的未来，因此拒绝主持她的加冕仪式。1559 年，《至尊法案》的通过让伊丽莎白成为国教领袖。因此，她被教皇逐出罗马教会，英格

上图：有人质疑伊丽莎白女王在没有丈夫支持的情况下能否治理好这个国家，但她指出了他们的错误。她说："我知道我有着女人的孱弱身躯，却也拥有王者的心灵和胆量。"

---

①　这种木头没有经过加工处理，仍然具有较高的含水量，因此会对燃烧产生影响。

兰狂热的天主教徒并不打算抛弃他们的信仰。到了 1584 年，天主教的神父可能因叛国罪接受审判。三年后，任何拒绝去新教教堂礼拜的人都会被罚款 260 英镑。

> "她竖起绞刑架，下令绞死任何来自伦敦的人。"

女王和她的人民也面临着大规模的疾病暴发。伊丽莎白一世在位期间，英格兰曾经历五次瘟疫。1592 年和 1593 年，女王下令关闭所有剧院，中止了莎士比亚的《亨利六世》（*Henry VI*）在玫瑰剧院（Rose Theatre）的演出。两场尤其致命的瘟疫分别在 1563 年和 1603 年暴发，每一次暴发都让伦敦的人口减少四分之一以上。每周多达 1800 人的死亡让伊丽莎白惊慌失措。她在 1563 年将宫殿迁至温莎城堡，又在那里竖起绞刑架，下令绞死任何来自伦敦的人。其他流行疾病包括女王曾在 29 岁时感染的天花，还有斑疹、伤寒、梅毒和疟疾。

伦敦塔拷问官

伊丽莎白统治时期，伦敦塔里施加酷刑折磨的拷问官中，有两个人的名字格外瞩目。一个是下议院成员托马斯·诺顿（Thomas Norton），负责审问天主教徒囚犯，他成为备受畏惧的 "拉肢大师诺顿" 甚至是 "拉肢大师将军"。另一个是理查德·托普克里夫（Richard Topcliffe），据说他是最为残暴的拷问者，同样是下议院的一员，喜欢用镣铐将囚犯吊起来。在另一所监狱中，他给囚犯安妮·贝拉米（Anne Bellamy）用上拉肢刑具，直到她供出包括父母在内的 26 人，然后又对她实施了强奸。此外，人们也都知道托普克里夫会在自己的家里折磨囚犯。

西班牙无敌舰队

伊丽莎白在位期间，最大的麻烦是天主教徒的密谋与迫害，但最辉煌的胜利也来自对抗入侵的天主教势力——西班牙无敌舰队。西班牙国王菲利普二世对弗朗西斯·德雷克爵士（Sir Francis Drake）于 1585 年和 1586 年在加勒比海地区袭击

上图：无敌舰队的船只在苏格兰和爱尔兰的海岸附近沉没。考古学家分析残骸后发现，船上的设备缺乏保养，可能导致了船员作战时的混乱。

西班牙船只的行为大为震怒，于是在 1588 年派出无敌舰队，想要在英格兰恢复天主教。更早的时候，德雷克已经环游了世界，载着从西班牙船只上掠夺的宝藏在 1580 年返回英格兰。次年，伊丽莎白封德雷克为爵士。无敌舰队开始备战的消息传到英格兰后，德雷克在 1587 年的加的斯海港（Cadiz harbour）发起突袭，摧毁了大约 30 艘西班牙船只，称自己"烧焦了西班牙国王的胡子"。

　　1588 年 5 月，大概 150 艘船只组成的无敌舰队载着约 1.9 万名士兵和 8000 名水手从里斯本（Lisbon）出发。这支由梅迪纳 - 西多尼亚公爵（Duke of Medina-Sidonia）指挥的舰队中，有 40 艘左右的船只为重装上阵。英格兰舰队的 66 艘船只中也大概拥有 40 艘战舰，但他们依靠的是更多的重炮、更少的士兵，以及比无敌舰队更快的行驶速度。埃芬厄姆（Effingham）的男爵查尔斯·霍华德（Charles

上图：无敌舰队接近英格兰时，伊丽莎白女王在埃塞克斯蒂尔伯里（Tilbury）的港口视察军队。后来，为了庆祝西班牙的溃败，她又在公众面前与军队一同骑行。

Howard）负责指挥，弗朗西斯·德雷克爵士担任海军中将，是舰队的二把手。

　　由于海上的恶劣风暴，无敌舰队被迫返航至西班牙北部的一处港口，后在7月12日（旧历）重新启程。19日，有人最先在康沃尔附近发现无敌舰队正朝着英吉利海峡进发，而英格兰舰队当时正在普利茅斯（Plymouth）的海港重新获取补给。从普利茅斯到怀特岛（Isle of Wight）的三次交战中，英格兰舰队更加强大的枪炮阻止了西班牙无敌舰队的逼近，令他们装备更加精良的军队无法登舰。在此期间，双方都未遭受太大损失。7月27日，无敌舰队于法国加来下锚，计划在清除多佛尔海峡（Strait of Dover）敌军的同时，等待西属尼德兰的摄政王帕尔马公爵（Duke of Parma）带领3万大军到来。他们的船用了6天时间到达加来，而与此同时，德雷克在8月7日午夜派出8艘无人操纵、载有炸药的船只驶向无敌舰队，迫使他们砍掉船锚、四散开来。

　　翌日黎明，英格兰向法国的格拉沃利讷（Gravelines）发起进攻，其凭借先进的枪炮击败了敌军。对方四艘敌船一艘沉没、一艘搁浅、两艘严重丧失作战能力。不断变换的风向与英格兰舰队的坚固防守不给帕尔马的尼德兰军队任何穿越英吉利海峡的机会。无敌舰队不得不绕着苏格兰北角返回西班牙。由于弹药和补给出现不足，英军折返回国，留下受创的无敌舰队与恶劣的天气和陌生的航道做斗争。最后，无敌舰队仅有 6 艘船只安全返回西班牙。据估计，西班牙此役共丧生 1.5 万人，而英格兰最多损失 1000 人，并且很多都是因疾病而死。

在伊丽莎白取得了这场最伟大的胜利后，她与军队一同出现在公众面前，赢得了人民的赞颂与敬佩。

"据估计，西班牙一方共丧生 1.5 万人，而英格兰最多丧生了 1000 人。"

弗朗西斯·德雷克打保龄球

有故事记载，有人目击到西班牙无敌舰队的消息传来时，弗朗西斯·德雷克正在与同僚们玩草地保龄球，而他坚持说自己有足够的时间既赢下游戏又击败西班牙人。一些人认为，德雷克知道他们在普利茅斯的舰队因为潮汐无法立刻离港。保龄球游戏的场地位于城市一片开阔宽广的绿地上，而普利茅斯高地（Plymouth Hoe）则在面向大海的石灰岩峭壁之上。据说，德雷克输掉了游戏，却赢得了战斗。

那片绿地上的保龄球游戏已经 500 多年了。

上图：德雷克的这场保龄球游戏没有任何在场者留下描述，但这个英雄故事一直在流传着，从未被质疑。

莱斯特伯爵

尽管有所努力，但从未有任何研究表明伊丽莎白有过圆满的爱情。也许，她的挚爱是莱斯特伯爵（Earl of Leicester）罗伯特·达德利（Robert Dudley）。1553年，达德利与父亲因一起支持简·格雷继位而被判死刑。次年他得到赦免，然后与兄长一同前往法国作战。伊丽莎白继位后任命他为骑士统领（Master of the Horse），达德利的好运就此到来。他很快与伊丽莎白成双入对，互为知己。1560年，达德利在 18 岁时迎娶的妻子突然离世，许多人都怀疑是他为了与伊丽莎白结婚而谋杀了原配。伊丽莎白会在众人面前挑逗达德利，与他调情，赐予他土地和许多其他奖赏，还封他为护国主（Protector of the Realm）①，以防后患。达德利曾经告诉西班牙大使，如果菲利普二世能够帮他筹办婚礼，他可以让英格兰恢复天主教。

然而伊丽莎白结束了这一切。她鼓动达德利与自己的对手苏格兰的玛丽女王（Mary Queen of Scots）结婚，但仍视他为最爱，以"吾眸"称呼他，又在 1564 年提拔他为莱斯特伯爵。同年，达德利还被任命为牛津大学名誉校长。他在 1566 年写道："我已伫立山巅。"当时，达德利也依靠自己的影响力将几个敌人送上了绞架。1578 年，他娶了埃塞克斯伯爵的遗孀，成为伊丽莎白下一位宫廷宠臣罗伯特·德弗罗（Robert Devereux）的继父。

达德利的光辉开始褪去。1585 年，伊丽莎白派他率军前往尼德兰支援英军对抗西班牙，但达德利将大部分时间都用来享乐，对战争几乎没有起到任何作用。1587 年，伊丽莎白召回了他，又在 1588 年 8 月让他指挥蒂尔伯里的军队，抵御西班牙任何可能的入侵。与无敌舰队作战期间，达德利一直留在伊丽莎白身边，却在西班牙落败撤退时突然离世。得知他的死讯后，伊丽莎白把自己关在寝宫里，直到枢密院成员在几天后破门而入。即使如此，伊丽莎白也有一段时间无法处理政务。她将达德利的最后一封信珍藏起来，写上"他最后的信"，又把它放入桌上的一个盒子里。在这封信中，达德利写道："我谦卑地亲吻你的脚。"

---

① "护国主"的头衔一般属于君主，但在君主年幼、生病或外出时也可由其最信任的谋臣持有。

上图：罗伯特·德弗罗虽是女王伊丽莎白的宠臣，但两人的关系却并不和谐。面对 1599 年的爱尔兰叛乱，德弗罗与反抗军达成了非正式休战协议。此举激怒了伊丽莎白，令两人的关系降至冰点。

致命吸引力

埃塞克斯伯爵罗伯特·德弗罗是伊丽莎白的另一位宫廷宠臣，而伊丽莎白的喜爱对德弗罗来说也有着致命的吸引力。他的继父曾备受伊丽莎白宠爱，而晚年时期的伊丽莎白也对这位曾在 1586 年前往尼德兰与西班牙作战的英俊勇士产生了同样的爱。他们一起跳舞，也会一起玩纸牌到清晨。伊丽莎白对德弗罗宠爱有加，为他安排了王室职务。两人的亲密关系也在宫廷内传开，这段感情时而充满热忱的爱意，时而充满愤怒的分歧。

德弗罗开始理所应当地接受伊丽莎白的爱。击溃无敌舰队一年后的 1589 年，他违抗伊丽莎白的命令，加入了英格兰舰队。更糟糕的是，德弗罗开始打败仗。1590 年，他在亚速尔群岛（Azores）附近进攻西班牙的载宝船，结果却十分糟糕。被任命为爱尔兰总督（Lord Lieutenant of Ireland）后，他也没能镇压 1599 年发生在爱尔兰的叛乱，而只是与反抗军达成了非正式休战协议。于是伊丽莎白剥夺了他的职务，将他软禁在家，可依靠魅力生存的德弗罗无法忍受这样的羞辱。1601 年 2 月 8 日，他错误地带领 100 多名武装人员从斯特兰德（Strand）前往伦敦城，徒劳地号召当地人民起义。最后这场起义将他送上了审判台，34 岁的德弗罗在 2 月 25 日因叛国罪被斩首。他请求私下处决并得到了允许，最后在伦敦塔的庭院中接受了死刑。得知德弗罗的死讯时，伊丽莎白正在宫中弹奏羽管键琴。她停顿了片刻，什么也没说，又接着弹奏了起来。

诗人与女王

伊丽莎白在为期 45 年的统治生涯中早期虽出现过一些宗教冲突，却也留下了一个更强大、更安稳的英格兰。闲暇之余，伦敦市民享受着丰富多样的娱乐活动与文化。大为流行的剧院为观众提供威廉·莎士比亚、克里斯托弗·马洛、理查德·伯比奇（Richard Burbage）等人创作和演出的精彩戏剧。女王伊丽莎白虽从未去过剧院，却也是戏剧的狂热爱好

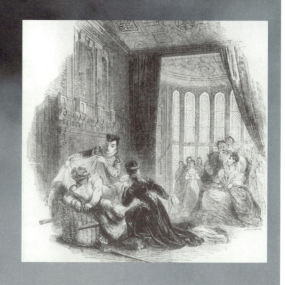

右图：在伊丽莎白女王生命中的最后十年，她每年都会请莎士比亚的剧团来宫廷表演三场戏剧。

者，她赞助了自己的女王剧团（Queen's Men）。她多次邀请演员到宫中进行特别演出，莎士比亚和他的宫内大臣剧团（Lord Chamberlain's Men）就曾在里士满（Richmond）和格林尼治（Greenwich）的王宫中为女王表演。伊丽莎白作为如此重要的主顾，甚至影响了莎士比亚的创作。女王想看以肥胖、滑稽的角色福斯塔夫（Falstaff）① 为主角的戏剧，莎士比亚便写出了《温莎的风流娘儿们》。为了不冒犯奥尔德卡斯尔家族的成员，伊丽莎白甚至让莎士比亚将角色的名字从最初的奥尔德卡斯尔改为福斯塔夫。

伊丽莎白死后，莎士比亚在《亨利八世》（Henry VIII）中赞美女王离去之时"仍是贞女之身，似一朵无瑕的百合归于地下，整个世界都将为她哀悼"。

———————
① 福斯塔夫也是莎士比亚历史剧《亨利四世》（Henry IV）中的角色。

马洛是否死于谋杀？

克里斯托弗·马洛是伊丽莎白时代戏剧界的杰出人物，创作有《马耳他岛的犹太人》（The Jew of Malta）和《爱德华二世》（Edward II）等经典剧作，影响了莎士比亚和同时代的其他剧作家。至今都有人怀疑，莎士比亚的一些戏剧实则是由马洛代写的。马洛也是一位诗人，极大地发扬了无韵诗体。

与莎士比亚同年（1564 年）出生的马洛就读于剑桥大学。1591 年之前，二人在伦敦的玫瑰剧院相识，彼时那里正上演着马洛的戏剧。在那个充斥着宗教迫害的年代，任何人写下的文字都可能会招致危险。一些人相信，马洛所作关于国王偏爱宠臣的《爱德华二世》就是在影射伊丽莎白。1593 年，《西班牙悲剧》（The Spanish Tragedy）的作者托马斯·基德（Thomas Kyd）因异端邪说入狱，最后被折磨至死。在他的家里，当局发现了一些文件，其中提到基德的作品可能来自马洛。马洛虽为政府雇佣的密探，却在那年两次遭到逮捕并接受枢密院的审讯，还被指控是天主教的支持者（尽管他明显是无神论者），后来得到释放。

1593 年 5 月 30 日，马洛和其他三个密探在德特福德（Deptford）的政府安全

右图：目前认为，1952 年在剑桥大学基督圣体学院（Corpus Christi College）发现的这幅肖像画描绘的正是克里斯托弗·马洛。马洛遇害时年仅 29 岁，为躲避伦敦当时暴发的瘟疫而居住在肯特。

屋内会面，密探罗伯特·波利（Robert Poley）①便是其中一人。当晚马洛与英格拉姆·弗雷泽（Ingram Frizer）发生了争执，弗雷泽一刀刺在马洛的右眼上方，将他当场杀死。据称，二人是因为一笔账单产生了分歧。当局接受了这一说法，而陪审团也认为，弗雷泽是在马洛抓住他的匕首并打伤他的头部后才采取的自卫。弗雷泽因此得到赦免，但仍然有人怀疑是政府刺杀了这位直言不讳的剧作家。

苏格兰女王玛丽·斯图亚特

玛丽·斯图亚特是苏格兰国王詹姆斯五世的唯一子嗣。父亲去世时她才出生六天，来自法国的母亲便担任了摄政王。五岁那年，玛丽与亨利八世之子爱德华订婚，但玛丽信奉天主教的保护人违背了婚约，将她许配给了法国国王的继承人——年仅四岁的弗朗西斯。二人于 1558 年结婚，弗朗西斯次年加冕，却在 1560 年去世，于是 18 岁的玛丽从法国的王宫中返回。

在苏格兰这片新教的土地上，玛丽虽为天主教徒，却从未强迫自己的臣民改变信仰。1565 年，她嫁给了英格兰的达恩利伯爵（Earl of Darnley），也就是自己的表亲亨利·斯图亚特（Henry Stuart），但二人的婚姻并不美满。次年某日，玛丽正

---

① 罗伯特·波利是个经验丰富的政府密探，负责在欧洲的宫廷王室之间为女王递送重要信件和秘密信件。

与六位好友用餐时，亨利与一伙新教徒贵族闯入她的寝宫。他们指控玛丽的秘书大卫·里奇奥（David Rizzio）与女王有染，强迫这个意大利人进入隔壁房间，最后里奇奥在抓住玛丽的裙子时被捅了 56 刀。女王当时已经怀孕，她与亨利的儿子詹姆斯在 1566 年出生。第二年，达恩利住在爱丁堡（Edinburgh）的柯克欧菲尔德（Kirk o'Field）时遭遇一场爆炸，他虽然在爆炸中毫发未损，但被人们发现时，他已被人勒死。三个月后，玛丽嫁给了此场爆炸的主要嫌疑人博思韦尔伯爵（Earl of Bothwell）。不久，博思韦尔在一场叛乱中被驱逐，玛丽也被迫在 1567 年退位。玛丽的儿子成为国王，她自己却遭到监禁，但她在第二年成功越狱，并开始集结军队。在格拉斯哥（Glasgow）附近被击败后，玛丽想要寻求伊丽莎白的庇护，便出人意料地于 1586 年 5 月 17 日在英格兰出现。

　　这是玛丽的错误之举。伊丽莎白并不信任她这位天主教表亲，她没有与玛丽见面便将她囚禁了起来。天主教徒为此策划了几场拯救行动，欲扶持玛丽登上英格兰王位。其中一次的参与者还包括伊丽莎白的另一位表亲，也就是希望能与玛丽成婚的诺福克公爵托马斯·霍华德。事情败露后，霍华德被送进伦敦塔，于 1572 年被判处了死刑。玛丽又接连犯下错误，与密谋刺杀伊丽莎白的安东尼·巴宾顿（Anthony Babington）相互通信。巴宾顿的信件被伊丽莎白的间谍拦截后，玛丽否认对此知情，但伊丽莎白以叛国罪将她送上了审判台。1586 年 10 月，玛丽被判死刑，1587 年 2 月 8 日，玛丽在北安普敦郡（Northamptonshire）的佛斯里亨城堡（Fotheringhay

左图：达恩利勋爵亨利·斯图亚特，玛丽的第二任丈夫，为人狂妄自大。他试图和玛丽一起统治，而倘若妻子先于自己离世，他便能成为绝对的国王。据说亨利死于谋杀，有人怀疑玛丽参与其中。

上图：亨利·斯图亚特在隔壁房间参与谋杀了大卫·里奇奥，让在场的玛丽·斯图亚特遭受了心理创伤。博思韦尔伯爵也是谋杀的目标之一，但他跳窗而逃，躲过了一劫。

> "手起刀落十五分钟后，有人声称看见玛丽的嘴唇翕动，似乎正做着祈祷。"

Castle）被斩首。手起刀落十五分钟后，有人声称看见玛丽的嘴唇翕动，似乎正做着祈祷。

讽刺的是，玛丽的儿子在 1603 年继位伊丽莎白，成为斯图亚特王朝的第一任国王詹姆斯一世。

神父洞

伊丽莎白开始迫害天主教徒时，他们的神父陷入了致命的危险。任何人都不得进入英格兰，而伊丽莎白也派出"神父猎人"追查和逮捕那些剩下的神父，然后以叛国的罪名将他们送去审判。一些天主教家庭——尤其是在乡下拥有大房子的——愿意冒着巨大的风险藏匿神父。这些神父有时会假扮成家庭成员或教授老师，但最安全的方法是躲进一个藏身之地，而这样的地方就叫"神父洞"。神父洞常常用秘密符号标记出来，房子的主人们会封起或开辟一小块空间，让神父在猎人或当局上门搜查时藏匿其中。这些狭小幽闭的地方常位于阁楼之上、地板之下或伪装的壁炉之后。如果突袭人员在此进行数天的地毯式搜查，藏起来的神父可能会忍饥挨饿、口渴难耐甚至死亡。耶稣会会士（Jesuit）[1]理查德·布朗特神父（Father Richard Blount）就不得不在房屋被搜查时在石墙后躲藏了十天。他与一位同伴靠着一块面包和一瓶葡萄酒幸存了下来。后来，布朗特神父成为耶稣会英格兰传教团（Jesuit English Mission）的领袖。

最活跃、最优秀的神父洞建造者名叫尼古拉斯·欧文（Nicholas Owen）。他出生于牛津，继承父业成为一名木匠。最终，欧文在 1594 年被抓获，他在严刑之下拒绝透露藏身之处或有关人士的名字。支付赎金后，欧文得到释放，又回去开始修建神父洞。1597 年，在他的安排下，两位耶稣会神父从伦敦塔中奇迹般地成功越狱。詹姆斯一世继位后的 1605 年，藏身于伍斯特郡某处的欧文饥饿不堪，再次遭到逮捕。在过去大约二十年的时间里拯救过许多生命的欧文被押往伦敦塔，1606 年 3 月 2 日由于长期患有疝气，肠子破裂，他死在了拉肢刑具上。1970 年，天主教会追封欧文为圣徒。

上图：英格兰的全国各地都建有神父洞，一些房屋里会有两到三个神父洞。如今，游客可以参观国民信托（National Trust）[2]遗产中的神父洞，如国王查理二世曾经躲藏的位于斯塔福德郡（Staffordshire）莫斯利旧市政厅（Moseley Old Hall）内的神父洞。

---

① 天主教主要修会之一。

② "国民信托"是当今英国规模最大的一个公益组织，负责维护名下分布在英格兰、威尔士和北爱尔兰（苏格兰有当地独立的信托机构）的历史建筑、自然风光和艺术品收藏。

4

17世纪

一连串的灾难考验着伦敦人的心灵。王权政治失而复得，瘟疫夺去许多性命，而城市本身则几乎在始于面包店的熊熊大火中毁灭。

伊丽莎白的长期统治为伦敦带来了持续而稳定的发展，但斯图亚特王朝却有着旋风般的时代更替和王权更迭。伦敦市民见证了国王被斩首、国家走回共和①，也见证了斯图亚特王朝的回归与它被"光荣革命"（Glorious Revolution）所推翻。

联合与动荡

苏格兰的詹姆斯一世（James I of Scotland）的青春里充斥着阴谋、战争与谋杀。身为王位继承人的他幸运地存活了下来，在 1567 年母亲玛丽退位后成为苏格兰国王，尽管 1576 年以前都是摄政王在掌管国家大权。1585 年，詹姆斯怀着继位伊丽莎白的希望与她结盟，当伊丽莎白在两年后处决他信奉天主教的母亲时，詹姆斯也几乎没有抗议。1603 年伊丽莎白死后，詹姆斯继承了英格兰王位，成为第一位将两个国家联合起来的君主。詹姆斯虽然是新教徒与苏格兰基督教长老会

上图：炸掉议会的计划十分周全，却因为参与人数太多而出了差错。在得知有人向一位政府大臣告密后，教徒们仍不愿取消计划，因此导致行动失败。

---

① 1649 年，清教徒领袖奥利弗·克伦威尔（Oliver Cromwell）领导的议会军打败国王军，处死查理一世并建立了英格兰共和国，全名为"英格兰、苏格兰与爱尔兰共和国"（Commonwealth of England, Scotland and Ireland），这是第一个统治全英国的共和政府。

（Presbyterian Church）的领袖，却仍然被许多臣民质疑。此外，议会也对他提出"君权神授"（Divine Right of Kings）深感不安。

1604 年，詹姆斯与西班牙讲和，开启了看似风平浪静的统治。国内的天主教徒和清教徒都渴望一个更加包容的宗教环境，但詹姆斯的所作所为让两方都大失所望。一群天主教徒曾密谋炸死国王和议员，但最终被揭露并阻止，这个群体也因为这场被称为"火药阴谋"（Gunpowder Plot）的行动而吃尽了苦头。清教徒中有许多人离开了英格兰，包括那些在 1620 年乘坐"五月花号"（Mayflower）前往美洲寻求自由的人们。

詹姆斯与议会的关系也开始破裂。双方就财政大权的归属问题经过了漫长的讨论后，议会依然拒绝向詹姆斯调拨更多资金，于是詹姆斯在 1611 年将其解散。他重新组建了两次议会，又先后将它们解散。第一次议会在 1614 年成立后维持了两个月，因为一事无成而被称为"混乱议会"（Addled Parliament）；第二次议会在 1621 年建立，目的是筹集资金与西班牙结盟，却又一次失败。

詹姆斯曾写过一些政论文章与诗歌，更重要的是，他推动了 1611 年《圣经》新版英译本的发行，也就是流传至今的《詹姆斯国王钦定版圣经》（*King James Version of the Bible*）。他在 1625 年去世，由其子查理继位。

火药阴谋

1605 年，几名来自英格兰中部地区的天主教徒密谋在议会开幕典礼上除掉詹姆斯国王，摧毁议会。他们对新任国王的宗教迫害备感失望，于是打算在开幕环节炸毁议会大楼，杀死国王詹姆斯一世，绑架查理王子和伊丽莎白公主，从而掀起一场天主教徒革命。主要策划人罗伯特·卡特斯比（Robert Catesby）召集了一小群亲信商讨其中的细节。一些天主教神父也知晓这个计划，他们虽然试图劝阻，但都没有向政府告密。密谋者先是在上议院旁租下一间房屋，打算从下方挖凿隧道并安放炸药，但最后发现这项工作难以实现。接着他们租了上议院下方的地窖，而盖伊·福克斯用约翰·约翰逊（John Johnson）的假名着手囤积了大约 36 桶火药，将其藏在一堆堆煤炭和柴火之下。按照计划，议会将在 1605 年 11 月 5 日开幕。

"他们打算杀死国王詹姆斯一世、绑架查理王子和伊丽莎白公主。"

上图："火药阴谋"的四名主谋在枪战中身亡。1606 年 1 月 31 日，盖伊·福克斯和其余的同伙被拖行至威斯敏斯特的旧宫院（Old Palace Yard）接受绞刑与分尸。

　　10 月 25 日，信奉天主教的贵族蒙蒂格尔勋爵（Lord Monteagle）收到一封匿名信，警告他不要参加开幕式，因为成员们"将在议会遭遇一场严重的爆炸，却不会知道是谁发动了袭击"，行动因此提前败露。蒙蒂格尔将信交给了索尔兹伯里伯爵罗伯特·塞西尔（Robert Cecil）和詹姆斯的一位重要大臣。同时，蒙蒂格尔的某个仆从也暗中通知了密谋者，但他们仍然决定继续行动。11 月 4 日，枢密院两次搜查了地窖，第一次由萨福克伯爵负责，第二次搜查在晚上由威斯敏斯特议员托马斯·克尼维特（Thomas Knyvett）和他的朋友进行。两人发现了正在看守火药的福克斯并将其逮捕。

　　次日早晨，得知计划已经败露的参与者大多都逃去了英格兰中部地区，他们试图在那里组建一股天主教势力来推翻政府，但最后以失败告终。11 月 8 日上午，当局在斯塔福德郡的霍尔比奇大楼（Holbeach House）找到了几名主谋。克里斯托弗（Christopher）、约翰·怀特（John Wright）[①]、罗伯特·卡特斯比和托马斯·帕西

① 一说杰克·怀特（Jack Wright）。

（Thomas Percy）在枪战中身亡；另外两名成员托马斯·温特（Thomas Winter）与安布罗斯·卢克伍德（Ambrose Rookwood）遭到逮捕并押往伦敦。除了弗朗西斯·特瑞山姆（Francis Tresham）死在伦敦塔中，其他密谋者全被处决。弗朗西斯是蒙蒂格尔勋爵的兄弟，也很可能是写下匿名信的人。

"福克斯经受了各种严刑拷打，但他始终保持沉默。"

如今，每年的议会开幕典礼前，王室卫士（Yeomen of the Guard）都会习惯性地搜查地窖，确保没有任何密谋者和爆炸物藏匿其中。

烧死盖伊

盖伊·福克斯强壮有力、才智过人，是一位久经沙场的战士，有着与火药相关的丰富经验，似乎是搜集、储存、守卫和引爆炸药的最佳人选。遭到逮捕并押往伦敦塔后，福克斯经受了包括拉肢在内的各种严刑拷打，但他始终保持

上图：盖伊的拒不交代让国王詹姆斯一世很是钦佩，但两天的残酷折磨最终还是让他认了罪。

沉默。这份勇气让国王詹姆斯一世钦佩有加，称他有着"罗马人般的坚定"。福克斯熬过了两天痛苦难耐的折磨后，签署了一份认罪书，承认自己持有如此多的火药是为了"把你们这些苏格兰人轰回山中的老家"。1606 年 1 月 31 日，他以叛国罪被判处拖行、绞刑与分尸，在议会对面的威斯敏斯特旧宫院接受处决。福克斯目睹了其他三名同谋的死亡，接着从绞刑架上一跃而下，摔断了自己的脖子，逃过了之后恐怖的刑罚。

福克斯成为天主教极端主义的象征，人们会在每年的 11 月 5 日将他的画像放到篝火堆上点燃，以纪念这场失败的阴谋。盖伊·福克斯之夜（Guy Fawkes Night）的宗教意义几乎已经消散，政治家或其他人的画像也常常代替他的位置，但篝火和烟花仍一年一度地持续着，伴随一首古老的韵诗，开头是"要铭记，要铭记，十一月的第五日"。在这个日子里，盖伊·福克斯的面具也会大受欢迎，孩子们如今或许仍会向陌生人讨要"给盖伊的一便士"①。

---

① 孩子们常常制作盖伊的木偶并将其装饰成稀奇古怪的样子，然后拿来向路人索取零钱。此后，"guy"（"盖伊"）一词开始指代奇装异服之人，最后变成对男人的一般称呼。

诅咒帮

17 世纪的伦敦街头依然危机四伏，犯罪分子从恶棍、强盗到蓄意破坏的绅士，或孤身行动，或结伙作乱。诅咒帮（The Damned Crew）便是最早的一伙绅士黑帮，他们常常酩酊大醉、粗俗无礼，四处寻找打架的机会，尤其是与那些守夜人。

1600 年，帮派的领头之一是人称"天花"的埃德蒙·贝恩汉姆爵士（Sir Edmund Baynham）。他在 1595 年放弃学习法律，成为四处作乱的冒险家。1600 年 3 月 18 日，贝恩汉姆和其他无赖在伦敦奇普赛德的美人鱼酒馆（Mermaid Tavern）喝得大醉，冲上街头寻找麻烦。他们拔出匕首和长剑，吵吵嚷嚷着前行，直到遇到一名巡逻人员。在其他人的帮助下，这名巡逻人员与这群匪徒交战并将其制服。匪徒们被押往监狱，而贝恩汉姆高喊着"市长大人或伦敦随便哪位官员对我来说不算什么"。伊丽莎白女王被这些人"骇人的无序"所激怒，在她的敦促下，帮派在威斯敏斯特宫的星室法庭（Star Chamber Court）接受了特别审判。他们在法庭上认罪伏法，将自己的行为归咎于"酒精和燥热"，然后被处以每人 200 英镑的罚款与监禁。

贝恩汉姆此后成为诅咒帮的首领，他在 1603 年因为针对新任国王詹姆斯一世发表了某些"危险言论"而遭到了监禁，后来又被怀疑涉嫌参与"火药阴谋"。盖伊·福克斯接受审判期间，检察长将贝恩汉姆称作"魔鬼的合格信使"。这次死里逃生后，贝恩汉姆余生都在欧洲各地流浪。

探险家之死

詹姆斯一世从未喜欢过沃尔特·罗利爵士（Sir Walter Raleigh）这位在伊丽莎白女王统治时期步步高升、高调耀眼的探险家。罗利的成就十分惊人：1578 年航行至美洲，1584 年和 1589 年试图在今美国北卡罗来纳州（North Carolina）建立第一个英格兰殖民地，但均以失败告终①。罗利将殖民地命名为"弗吉尼亚"（Virginia），以此致敬他的"童贞女王"。目前认为，他是将土豆和烟草引入英格兰的第一人。伊丽莎白对罗利宠爱有加，1585 年封他为爵士。但伊丽莎白发现罗利与自己的一个女仆暗中成婚后，在 1592 年将二人一同扔进了伦敦塔。罗利交付保释金出狱后决意要赢回伊丽莎白的心，于是在 1595 年踏上一场壮大的探险，前去寻找传说中位于今委内瑞拉（Venezuela）境内的"黄金国"（El Dorado），但这处秘境早已无迹可寻。

詹姆斯在 1603 年加冕后，指控罗利策划谋反，将这位探险家判处死刑后又送进了伦敦塔，后来改判为终身监禁。罗利因此在伦敦塔中度过了 12 年，他利用这些时间写完了《世界历史》（History of the World）第一卷。1616 年，罗利获释出狱，但没有得到赦免，他再次启程寻找黄金国。他的部队在圭亚那（Guiana）烧毁了一处西班牙殖民地，而当时正经历高烧的罗利错过了这次行动，而这次行动导致了他儿子（亦名沃尔特）身亡。罗利再次空手而归，更糟糕的是，他违背了国王要求他与西班牙人和平共处的命令。

---

① 1584 年建立的殖民地后来因为与当地的印第安人发生冲突而被迫放弃；1587 年建立的殖民地则在英格兰下一批殖民船队到达之前神秘消失，成为历史上的未解之谜。

在西班牙的要求下，詹姆斯再度宣判罗利死刑，并于 1618 年 10 月 29 日在伦敦塔执行斩首。罗利发表了简短的演讲，说他的一生是"名利一场"。他提醒观众，自己是航海家，是士兵，也是臣子，接着总结道："我将踏上一条漫长的旅途，必须在此与各位说再见了。"行刑前，罗利没有蒙上双眼，他亲自检查了斧头，然后对处决者说："此剂药效太猛，但包治百病。"

上图：市长大人巡游日（Lord Mayor's Show）当天，罗利在威斯敏斯特的旧宫院被斩首。他示意自己准备好后，行刑人迟疑了片刻，罗利便催促道："砍吧兄弟，砍啊！"

伦敦有个巫师？

17 世纪的伦敦，人们普遍相信有巫师、术士、法师和魔法师的存在。而一个名叫约翰·兰博（John Lambe）的人，不幸被认为是上述中的每一类。

兰博起初是一名家庭教师，后来他在涉足占星术和医学后自称医生。他也为别人算命，声称能够找回人们遗失的物品。1608 年，在一次审判中兰博承认自己使用水晶球召唤了四个恶魔来汲取温莎勋爵（Lord Windsor）的力量。这场审判后，陪审团的几位成员离奇地死去，导致对兰博的定罪暂时中止。最终，他在 1622 年因接触幽灵遭到扣押，次年被转移至伦敦的王座法庭监狱（King's Bench Prison）。为了获得兰博的魔粉和药水，许多权势之人都到监狱探访他，如未来的白金汉公爵（Duke of Buckingham）乔治·维利尔斯（George Villiers）。后来有指控称，兰博性侵了将草药送到他两室牢房的 11 岁女孩，因此被判有罪并处以死刑，但国王对此给予了赦免。兰博成为著名的"白金汉巫师"，他给委托人施加爱情魔咒来诱惑女性，据说他还招来迷雾遮盖了自己的房子。

1628 年 6 月 13 日，刚到耄耋之年的兰博出城前往不远处的财富剧院（Fortune Playhouse）观看露天演出。一伙年轻的无赖认出了他，表演结束后便在黑暗中尾随他回家，号叫着称呼兰博为巫师和魔鬼。人群充满敌意，越聚越多，兰博便付钱请经过的士兵保护自己。他前往酒馆寻求庇护，但酒馆主人畏惧那群愤怒的暴徒，于是拒绝了兰博的请求。

兰博聘请的保镖也离开后，人群开始推搡他、折磨他，似乎根本不怕他那宣称的神秘力量。他们在圣保罗大教堂附近用石头和棍棒攻击兰博，导致他的头骨被砸开，一只眼睛从眼窝里悬吊下来。报道称，兰博随身携带着一颗水晶球和几把小刀。人群中的暴徒一致认为

John Lambe alias D.ʳ Lambe
From a rare Wood Cut in the Collection of Rob. Stearne Tighe, Efq.

右图：这幅木刻版画描绘了身披华丽服饰的约翰·兰博。某次诉讼期间，一位证人指控兰博吹嘘自己能"将任何男人麻醉、毒化、蛊惑，从而让他们无法生育"。

正义终于得到了伸张，最后没有任何人被逮捕。

同年出现了一首名为《兰博医生的悲剧》（ *The Tragedy of Doctor Lambe* ）的歌谣和一本题为《生平小传：约翰·兰博臭名昭著的一生》（ *A briefe description of the notorious life of John Lambe* ）的小册子。1634 年，戏剧《兰博医生与巫师》（ *Doctor Lambe and the Witches* ）诞生。

斩首国王

查理一世出生于 1600 年，是詹姆斯一世与丹麦的安妮（Anne of Denmark）之子。查理娶了天主教徒亨利埃塔·玛丽亚（Henrietta Maria），即法国的亨利四世之女，于是将天主教引入了英格兰王室。1625 年继位后，查理重蹈父亲的覆辙，时常与议会发生争执。他们争论的话题集中在国王打算征税以提高收入的想法。查理组建又解散了三次议会，最后决定在 1629 年独自掌权，就这样维持了 11 年。随着天主教与清教的关系越发紧张，他的严苛管控迫使双方的许多信徒都离开了英格兰。国王强制苏格兰人民接受新的祈祷书时，又遭到了苏格兰人民的强烈反抗。战争需要资金支持，于是查理在 1640 年重新召开议会，但它在不到一个月后再度解散，因此被称为"短期议会"（Short Parliament）。1642 年的"长期议会"（Long Parliament）更加糟糕，查理试图逮捕五位下议院成员，但他们已经逃之夭夭。

同年，英格兰内战爆发，查理的军队"保王党"（Cavaliers）迎战议会的武装力量"圆颅党"（Roundheads）。1645 年 6 月 14 日，议会的"新模范军"（New Model Army）清教徒领袖奥利弗·克伦威尔在纳斯比战役（Battle of Naseby）中击败查理的军队，此役之后更是捷报频传。次年，查理向苏格兰人的军队投降，并被他们移交至议会。查理被囚禁在怀特岛上，在 1647 年成功逃脱后，他召集苏格兰的异见之人加入他的复辟事业，但再次被克伦威尔击败。因叛国罪接受审判时，查理以法庭不合法为由拒绝抗辩，最终以 68∶67 的投票结果被定罪。

1649 年 1 月 30 日，查理在伦敦白厅宫国宴厅（Banqueting House）外的断头台上接受公开斩首。他穿过楼上一扇被移走了玻璃的窗户到达刑场，黑色的窗帘遮挡了大部分人的视线，但也有一些人在屋顶上观看处决。当日天气尤为寒冷，查理穿了两件衬衣，以免自己像害怕一般颤抖。他发表了演讲，宣称自己是"人民的殉

1649 年 1 月 30 日，查理一世的处决仪式
在白厅宫的国宴厅外执行。刑场的地板上钉
有铁钉，以备必要时强行用绳子捆绑国王。

上图：在莱斯特南部打响的纳斯比战役中，奥利弗·克伦威尔带领 1.4 万人的新模范军面对将近 1 万人的王军，赢得了决定性的胜利。克伦威尔俘获了大约 4000 名士兵，基本结束了这场内战。

道者"，又告诉伦敦主教："我从一个腐败的王座走向一个不朽的王座，那里不存在任何纷扰。"他询问处决人自己的头发是否影响行刑，于是有人帮他把头发塞进帽里。他请求将斩首木放平，而别人告诉他木头本就是水平的。他又建议将木头稍稍垫高一些，但被告知这个要求不可能实现。查理将脑袋放在上面，伸出双手，接着被一刀斩首。

护国公

在击败王军、推动处决国王查理一世后，奥利弗·克伦威尔成为整个英格兰最有权势的人，并以此行使独裁统治。就像先前的国王查理一世一样，他时常召集又解散议会。

克伦威尔来自亨廷顿郡（Huntingdonshire）的一个富裕家庭。在剑桥学习了一段时间后，克伦威尔成为议员，以其极端的清教主义观点和威严的声音而闻名。他是带头反对国王查理一世提税的人物之一，要求查理进一步让权于议会。内战爆发后，克伦威尔组建起纪律严明、忠心耿耿的新模范军，击败了王军以及他们在苏格兰的盟友。

上图：奥利弗·克伦威尔性格刚强，是位热情而直言不讳的演说家。极度虔诚的他相信自己是上帝的选民，却也曾说自己年轻时是"罪人之首"。

随着和平的回归，克伦威尔在 1648 年派军队以武力驱逐了"长期议会"的 110 名成员，将其缩减为"残余议会"。1653 年，克伦威尔与"残余议会"反目，他驱逐了剩余的成员，再亲自挑选清教圣徒组建议会，后来得名"贝尔朋议会"（Barebones Parliament），因为其中一位名叫赞帝·贝尔朋（Praisegod Barebone）的议员是浸信会[①]会士（Baptist）。在发现"贝尔朋议会"同样无法管理国家后，克伦威尔在 1655 年将其解散，以共和国护国公的身份实行独裁，直到 1658 年去世。他的儿子理查被指定为继承人，但其软弱的统治和公众对清教严格观念与军队裁员的厌恶，导致两年后君主制复辟。

爱尔兰的屠杀

天主教徒在爱尔兰反抗英格兰的统治，对克伦威尔造成了威胁，于是他的新模范军在 1649 年入侵爱尔兰，攻下了爱尔兰东部海岸严防死守的城镇德罗赫达（Drogheda）。克伦威尔的军队毫不留情地屠杀了大约 2500 人，受害者大多为士兵，也有天主教神父，许多人都被乱棍打死。军队从德罗赫达出发，又以同样残暴的方式袭击了韦克斯福德（Wexford），他们称这是"上帝的审判"，也是为过去遭受屠杀的新教徒报仇。侵略者没收了属于当地天主教徒的土地，并将其重新分配给英格兰的新教徒，而这些土地几乎占了爱尔兰面积的 40%。

---

① 浸信会是 17 世纪从英国清教徒独立派中分离出来的一个主要宗派，因其施洗方式为全身浸入水中而得名。

左图：克伦威尔的军队在德罗赫达实行了残忍的屠杀。有个军官回忆道，他想拯救一名下跪恳求的美丽女子，但另一个士兵用长剑刺穿了她。最后，女子被扔到岩石之上。

"克伦威尔的军队毫不留情地屠杀了大约2500人。"

　　1650 年，克伦威尔返回伦敦，又将注意力转向拥立查理二世为王的苏格兰人。查理领军南进，在伍斯特遭遇克伦威尔的部队后彻底落败。查理趁乱逃走，但他的支持者遭受了镇压，尽管他们的遭遇不像爱尔兰人所受的那般残忍。英格兰在苏格兰低地（Scottish Lowlands）建起一支占领军队，直到 1660 年查理讽刺般地登上了英格兰王位①。加冕后，查理立刻下令掘出克伦威尔的尸体进行审判。死者被判有罪，尸体吊在泰伯恩的绞架，头颅则被砍下示众。

---

① 1659 年 5 月，议会投票废止了护国公制，共和国因此陷入混乱与分裂，于是英格兰人又重新考虑恢复王政。

上图：查理二世对克伦威尔进行了报复，将他的尸体从威斯敏斯特教堂挖出、吊起并斩首。克伦威尔被砍下的头颅在威斯敏斯特大厅的屋顶放置了 25 年。

王朝复辟

　　父亲被斩首后，查理二世流亡法国，又逃去荷兰，最后回到苏格兰接受了王位。他的万人军队在 1651 年被克伦威尔击败后，英格兰悬赏 1000 英镑要他的人头。查理用了六周时间躲避追捕，然后再次逃往法国和欧洲其他国家流亡了 8 年。护国公制被废止后，他被召回英格兰恢复王政，最终结束了清教时期的严苛禁令。1660 年 5 月 29 日，查理 30 岁生日当天，查理在胜利游行中进入伦敦，迎接他的是50 万欢呼雀跃、感激不尽的人民。查理满心舒畅，赦免了大部分当时尚在世、曾签署他父亲死刑执行令的人，但仍然处决了这其中的 9 人。克拉伦登伯爵（Earl of Clarendon）催促新的议会让"整个国家重拾它最初的特质与完整，重拾它旧日的礼貌举止，重拾它过去的和蔼性情与善良本性"。

　　查理的统治见证了君主制的转折点：有着成型政党的议会首次在王权面前处于上风——保王党（Cavaliers）发展为支持王权至上的托利党（Tory Party），圆颅

左图：查理二世骑马进入
伦敦时受到了热烈欢迎。
看着欣喜的人民，查理开
玩笑地说道，漂泊在外如
此之久是他的错，因为他
遇见的每个人都说他们一
直希望国王能够回归。

党则创立了支持议会权力的辉格党（Whig Party）。辉格党还挑起了反天主教情绪，
阻止查理信奉天主教的弟弟詹姆斯继位。

　　查理二世的统治充斥着诸多经济问题和脆弱的国防外交政策。与荷兰的某次
争端中，荷兰舰队沿着梅德韦河（River Medway）逼近伦敦，烧毁或击沉英格兰
的五艘战船，还将拥有三层甲板的 80 炮一级战舰"皇家查理"（Royal Charles）拖
回了荷兰。同时，查理在位时不幸遇上两场灾难——1665 年的大瘟疫（The Great

1667 年 6 月，荷兰舰队沿着梅德韦河逆流而上，穿过薄弱的河上防御，来到距离城市 48 千米以内的地方，令伦敦人民惊慌失措。下锚后，入侵者烧毁或击沉了五艘大型英舰。

Plague）和 1666 年的大火灾（The Great Fire）。

　　然而这些灾难并未浇灭查理对闲适愉悦生活的热爱。1662 年，他与布拉干萨的凯瑟琳（Catherine of Braganza）成婚，这位来自葡萄牙的新娘带来了大约 30 万英镑的嫁妆。查理的爱情生活也围绕着 13 位已知的情人展开，包括名声显赫的内尔·格温（Nell Gwyn），以及一些人们或许还未知的关系。

欢乐的终结

　　清教徒克伦威尔的统治对伦敦人民来说是一种折磨，因为他们的休闲娱乐活动一个接一个地消失了。剧院和酒馆纷纷关闭，赛马、逗熊甚至足球之类的运动项目也被明令禁止。包括足枷和颈手枷在内的处罚，都统一在宗教日的星期日执行。这也使得许多活动如工作、旅行以及在周日漫无目的地散步（除非是前往教堂）无法进行。无论何时，做出亵渎行为的人都会被罚款甚至监禁。人们必须身穿黑色衣服，所以鲜艳的穿着会被当成罪过。执法者会在街上拦住女性，擦去她们所有的妆容。甚至连圣诞节也要严格遵循宗教习俗，不得庆祝、欢颂、装饰或者享用土鸡、肉馅饼和麦芽酒。

标致亦机智的内尔

　　女演员内尔·格温出生于赫里福德，本名埃莉诺·格温勒（Eleanor Gwynne），她是查理二世最爱的情人。她在考文特花园（Covent Garden）附近由母亲经营的妓院中长大，1669 年与查理交往前，还曾与一个演员和多塞特伯爵私通。她戏谑地称国王为"查理三世"，因为她的前两个情人也都叫查理。有次在马车中被误认成贵族女士（指查理二世另一位法国贵族情妇），她说："好人啊，请文明点，我是信仰新教的娼妇。"格温是优秀的歌手和舞者，也是国王剧团中的明星，经常扮演喜剧角色，又凭借自己机智乐观的性格与轻率的言行声名远扬。日记作家塞缪尔·皮普斯称她是"标致亦机智的内尔"。此外，她也拥有邪恶的想法。1668 年，得知查理二世打算追求同为喜剧演员的莫尔·戴维斯（Moll Davis）时，内尔给了莫尔掺有泻药的甜品。这使查理与莫尔的情爱之夜非常糟糕，查理也因此与莫尔断了联系。

内尔与查理分别在 1670 年和 1671 年生下了儿子。她在伦敦得到一套昂贵的住所，也被查理领入宫廷，成为查理余生之爱。1685 年临终就寝时，查理知道内尔正背负着巨额债务，于是指示弟弟，也就是未来的国王詹姆斯二世："不要让可怜的内尔饿死街头。"弟弟答应了兄长的请求，替内尔偿还了债务，又每年向她提供 1500 英镑的补助金，直到她在 1687 年去世。

上图：若是在克伦威尔的清教统治下，内尔·格温将永远不会有崭露头角或红极一时的机会，但她的心形脸蛋、标致身材和及时行乐的人生态度恰好象征了复辟时期人们的高涨情绪。

国王的放荡情人

查理二世的众多情人之间有着激烈的竞争，但其中一个相当大胆，直接与查理本人进行较量。本名芭芭拉·维利尔斯（Barbara Villiers）的芭芭拉·帕尔默（Barbara Palmer）是位高挑美丽、有着赤褐发色的有夫之妇。1661 年，芭芭拉生下女儿安妮，彼时查理的葡萄牙新娘布拉干萨的凯瑟琳才刚刚抵达英格兰数月。查理对孩子的父亲是谁抱有怀疑，但他继续拜访他的情人，每周有四个晚上都会待在芭芭拉位于白厅的家里。她在 1661 年成为卡斯尔梅恩伯爵夫人（Countess of Castlemaine），次年产下一子，但查理否认自己是父亲。那年，查理将芭芭拉带去宫廷，让她担任凯瑟琳的内侍，王后顿时晕倒在地，鼻血直流。查理与芭芭拉会发生激烈的争吵，芭芭拉还会发出各种威胁。一位主教曾形容她"无比恶毒、极度贪婪"。1667 年，芭芭拉再次怀孕，她发誓说如果查理否

"她发誓说，自己会当着查理的面把孩子的脑浆砸出来。"

认他是父亲，自己会当着查理的面把孩子的脑浆砸出来。查理拒绝认子，但几天之后又回来道歉。1670 年，芭芭拉成为南安普顿女伯爵（Countess of Southampton）和克里利夫兰女公爵（Duchess of Cleveland）。最终，查理再也无法忍受她的暴脾气和风流韵事，于是在 1674 年投奔了其他情人的怀抱，尤其是朴茨茅斯女公爵（Duchess of Portsmouth）露易丝（Louise）。1677 年，芭芭拉搬至巴黎，在那里居住的四年间有了更多风流情史。1685 年，她在查理去世前不久返回，与查理重续了一段怀旧却并不亲密的友谊。查理可能是芭芭拉七个孩子中好几个孩子的父亲。

迫害贵格会

贵格会运动（Quaker Movement）深受清教徒猜疑，它的名字源自一位法官

上图：监狱中的乔治·福克斯。他旅行至北美，在马里兰（Maryland）和罗德岛（Rhode Island）建立了贵格会组织。乔治·福克斯大学（George Fox University）便以他命名，其坐落在俄勒冈州（Oregon），如今拥有超过 4000 名学生。

在教派的领袖乔治·福克斯（George Fox）"让他们因主的话语而颤抖^①"之后做出的描述。福克斯的这场审判发生在 1650 年，而他曾在 1649 年至 1673 年间八次入狱。贵格会教徒相信人们不需要教会和神父这类形式上的象征，就能与上帝直接建立联系。他们拒绝去教堂做礼拜，也拒绝宣誓、缴纳什一税、接受圣水施洗，或者与其他任何有宗教秩序的集体产生联系。到 1657 年时，有大约 700 到 1000 名贵格会教徒被关押入狱。

君主制复辟之后，英格兰制定了更加严酷的惩罚，以镇压贵格会教徒和其他分裂主义运动。查理二世继位两年后的 1662 年，议会通过《统一法案》（*The Act of Uniformity*），要求人们严格遵守并敬奉英格兰国教。福克斯继续遭到逮捕，贵格会的集会沦为非法活动，因为法律禁止五人以上的集会。

随着下一任君王詹姆斯二世继位、1689 年《宽容法案》（*Toleration Act*）的通过，针对贵格会的迫害正式走向终结。

受尽折磨的詹姆斯·内勒

1655 年时，詹姆斯·内勒（James Naylor）在伦敦已是名声显赫的贵格会传教士，他在次年被捕入狱，随后又同自己在运动中的竞争对手乔治·福克斯反目。福克斯前往监狱探视他，但他拒绝亲吻福克斯的手^②。后来，内勒被释放后再度入狱，原因是他在 1656 年 10 月 20 日模仿耶稣进入耶路撒冷那样骑马进入布里斯托尔，而他的追随者在内勒身前欢声高歌、抛掷衣物。他们的队伍遭到逮捕并被指控亵渎上帝，内勒在下议院的死刑表决中幸存，但有些议员坚持要依据《旧约全书》中的律法用石头将他砸死。

对内勒的惩罚实际上十分残酷，虽然奥利弗·克伦威尔称之为仁慈。他被戴上颈手枷，被鞭子抽打着穿过伦敦和布里斯托尔，再被迫倒骑在马上。内勒的前额烙上了代表"亵渎者"（blasphemer）的字母"B"，舌头被一块炽铁烫穿，还要被迫从事繁重的劳作。"残余议会"宣布特赦贵格会教徒后，内勒在 1659 年被释放。他又开始在伦敦布道传教，并在那里遇见了福克斯，二人也就此和解。1660 年 10

---

① "Quaker"的动词原形"quake"有"（使……）颤抖"之意。

② 此举表明詹姆斯·内勒不认可乔治·福克斯是自己在教派运动中的上级。

上图：詹姆斯·内勒经受了严刑拷打和公开羞辱，还险些被处决。这位优秀的传教士放弃了自己的全部财产，他在街上呼告，以其热忱与感召招揽了许多皈依者。

月，内勒在返回约克郡的路上被一群窃贼袭击。次日，他在当地一位贵格会教徒的家中去世。

奴隶制与伦敦

1660 年，查理二世授予皇家探险者公司（Royal Adventurers）① 进入非洲的特许状，开始了奴隶与黄金等货物的掠夺与运输。公司向西印度群岛运送了成千上万的奴隶，在 1665 年赚取了大约 10 万英镑。它的投资者包括许多王室成员，还有日记作家塞缪尔·皮普斯。这是查理一世批准的奴隶贸易扩张，他允许多家公司加入这个野蛮的行业。实际上，奴隶贸易在伊丽莎白一世统治期间就已存在，女王天真地要求在非自愿的情况下任何人不得被奴役，而贩奴者也的确向女王给予了这项保证。

---

① 全称"皇家探险者非洲贸易公司"（Royal Adventurers Trading into Africa），专门从事黑奴贸易活动。

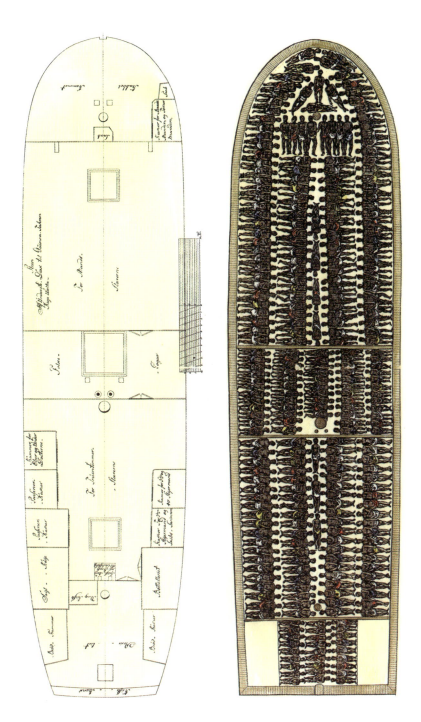

上图：贩奴船本身就是一种酷刑——奴隶戴着镣铐、拴着铁链，被关在甲板之下的狭小空间。他们每天的食物和水量仅可维持生存，在航行途中死亡也是平常之事。

到了 17 世纪，殖民地在北美建立，对非洲西部的奴隶需求开始增加。1672年，皇家探险者公司濒临破产。同年，"皇家非洲公司"（Royal African Company）成立，由约克公爵管理。1672 至 1689 年间，大约 9 万名奴隶被该公司运往美洲，在棉花地、烟草地和糖料种植园劳作。在 17 世纪末叶，拥有奴隶对于伦敦人来说是一种时尚。一些成功逃走的奴隶躲进安全的地方，他们的主人则张贴启事、提供报酬，寻找他们"丢失的财产"。

奴隶交易由城市的金融机构提供资金，直到 1807 年伦敦人民带头向议会请愿抵制奴工制造的产品，这项制度才终于被废止。人们相信，英格兰的船只上有超过45 万名奴隶死在驶向美洲的恶劣旅程之中。

花哨衣装

清教政府的统治到达尾声，对穿着的限制也随之终结。人群中出现了亮眼、华丽的服饰，其中就包括富人的女性化打扮：他们穿上及膝的短裤，宽大的裤腿看上去像女士的衬裙；多彩的绸带在喷有香水的衣服和鲜艳的长袜上飘动；头上戴着羽毛装饰的礼帽，精致的卷曲假发垂落到肩膀之下。衣着考究的绅士也许会带着暖手筒，在脸上化妆、贴片[1]。普通市民对此津津乐道，日记作家塞缪尔·皮普斯也曾记述，他的朋友误将两条腿套进了裙裤的同一只裤管，还就这样出门了。但国王并不习以为常，向议会抱怨着这种女性化服装的泛滥。

① "贴片"（patch）通常由丝绸、塔夫绸甚至皮革做成，靠黏合剂贴在脸上，可以显白皮肤或者遮掩痘痕，在17、18 世纪非常流行。

大瘟疫

伦敦曾暴发过许多传染病，但 1665 年的大瘟疫席卷了这座已发展至 46 万人口的大都市。据官方数据统计，大瘟疫夺走了 68596 人的生命，但实际死亡人数可能

上图：因为许多医生都在大瘟疫时逃离了伦敦，所以控制疫情的职责更多地落在了当地官员的肩上。守卫们封锁感染者的房屋并严加看管，搜查员将尸体从街上拖至瘟疫坑中。

"有 4 万条狗和 20 万只猫因可能携带疾病而被杀害。"

高达 10 万。第一例死亡病例发生在 4 月，而到了 9 月每周都有约 7000 人死亡。尸体堆积在马车上，被载去萨瑟克和克里波门（Cripplegate）的大坑进行集体埋葬。运送死者的人也不得与一般人群接触。

剧院、酒馆和其他公共场所全部关闭。感染者的房屋被隔离开来，标记着红色的"X"符号，门上常常写有"愿上帝宽恕我们"，因为许多人都认为瘟疫是上帝的惩罚。居民将腐烂的垃圾焚烧，还采取了更多极端手段：据估计，有 4 万条狗和 20 万只猫因可能携带疾病而被杀害。感染者几乎没有任何救治方法，但的确有少数人幸存了下来。医生会给病人皮肤上反映病情的斑点放血，但这只能让他们变得更加虚弱。

抵御疾病的最好方法就是离开城市，像查理和他的宫廷那样。查理在 7 月迁至汉普敦宫，接着又前往牛津，也就是 10 月议会开幕的地方。夏天，有负担能力的伦敦人会到乡下居住，一些人也因此将瘟疫带去；但贫民们无法逃离老鼠横行的街道，也无力支付特殊治疗的费用。

瘟疫在那年冬天有了缓解，最后在 1666 年 9 月的大火灾中彻底消失。从纽卡斯尔到南安普敦的其他地方同样也蒙受了灾难，拥有 100 万居民的英格兰因此失去了大约四分之三的人口。

瘟疫日记

塞缪尔·皮普斯在他的日记作品中对这场瘟疫做了详尽的观察记录。一些写于 1665 年的段落如下：

8 月 28 日：如今，我已基本看不到人影，也看不到那些走起路来仿佛已经告别了世界的人。

8 月 31 日：有关瘟疫的消息日新增多，也越发悲伤。这周城里死了 7496 人，其中 6102 人死于瘟疫。但恐怕，真正死去的人将近一万，一部分是那些在庞大数字中无人留意的贫民，一部分是那些无人为其敲响警钟的贵格会教徒或其他人。

9 月 14 日：……我遇见运送瘟疫死者的队伍，在正午时分从凡丘奇街 (Fenchurch Street) 穿过城市，经过我的身旁前往埋葬地——我看见一位生满疮痍的病患，在恩典教堂 (Grace Church) 附近被出租马车抬着经过我的身旁。我发现，塔丘尽头的天使酒馆 (Angell Tavern) 已经关门；不仅如此，还有塔楼阶梯旁的麦芽酒馆；我上一次去那酒馆时，那人已经染上瘟疫而奄奄一息。

12 月 31 日：令我们欣喜万分的是，城中又飞速聚满了人，商店也都再次开张。我祈求上帝让瘟疫继续消退——它让法院无法处理案件，也无暇顾及公共事务，因此一切都乱作一团。

大火灾

伦敦这场大火灾始于 1666 年 9 月 2 日，持续了四天，一共烧毁 13200 座房屋和 87 座教区教堂，包括建成于中世纪时期的圣保罗大教堂、皇家交易所（Royal Exchange）和市政厅。因为伦敦在夏天经历了一场大旱，加上城中紧凑的房屋均用涂满沥青的木材建造，因此火势蔓延极快。

火灾的源头是普丁巷（Pudding Lane）中托马斯·法里诺（Thomas Farynor）的面包店。他以为自己熄灭了烤炉中的火苗，但余烬在三小时后的半夜一点又燃烧起来。法里诺和他的妻女与一名职工从楼上的窗户逃走，但一名女仆不幸丧命，成为火灾的第一名受害者。

一股强风将大火吹向泰晤士河，而岸边的仓库存满了燃油和其他的可燃物。当时的伦敦没有消防队，因此居民只能用皮质水桶和斧头之类的简单工具来应付这场必败的战斗。人们尽可能多地带上贵重物品来到河边，试图乘坐小舟或驳船离开；或者逃去边远的田野住到帐篷里。政府下令将燃烧的房屋推倒，但没能阻止火势的蔓延。有人甚至看见国王参与了灭火行动。日记作家塞缪尔·皮普斯也是皇家海军的书记员，他与上将都认为应该炸毁房屋以阻止火势蔓延。他们用火药完成了任务，9 月 5 日清晨，大火被扑灭。

大火灾摧毁了伦敦六分之五的中世纪古城区域，没有建筑免遭破坏，然而伦敦桥得以幸存。接连几日，黑烟继续升起，大地依然滚烫到难以立足。

据估计，火灾造成了 1000 万英镑的财产损失，许多人也因此破产。只有 16 人被证实在火灾中死亡，而这场灾难也的确产生了积极影响——大瘟疫被彻底消除，消防队从此成立，许多街道得到拓宽，大半个伦敦也都用砖瓦和石头重建。这些工作取得了壮观的成果，如克里斯托弗·雷恩爵士（Sir Christopher Wren）设计的圣保罗大教堂。大火灾摧毁了 87 座教堂，而雷恩也监督建造了 52 座新教堂。

1677 年，一座 61 米高的纪念碑在大火灾发源地附近建成。

"据估计，火灾造成了 1000 万英镑的财产损失，许多人因此破产。"

火灾日记

塞缪尔·皮普斯的日记记载了他目睹的大火灾和参与的救火行动。写于 1666 年 9 月 2 日星期天的日记片段如下：

所有人都试图转移他们的物品，将其抛入河中或者运到空闲的驳船上；贫民都尽可能地待在家中，直到大火蔓延至他们的房屋，再逃到船上或者由河岸的水梯爬去另一边……每个人都背着抢救出来的物品离开，到处都是躺在床上被抬走的病人。格外贵重的物品用推车装载或扛在背上……我们是如此接近火灾，温度甚至能点燃烟草；整条泰晤士河上，你的脸几乎会被

右图：1660 年，27 岁的塞缪尔·皮普斯开始用速记法创作日记，最后在 1669 年完成这部作品。

风中的阵阵火雨灼伤，千真万确；房屋也被这些火星火花点燃，三座、四座，不止，五座、六座，一座接一座……天已黑，火更旺；随着夜色加深，火势也越来越大，出现在街道的角落、教堂的尖塔，也出现在教堂与房屋之间；从山顶到城市，所见之处都在一片恐怖而恶毒的猩红火海之中，丝毫不似平日里那般火焰……见此情景，我流下眼泪。教堂、房屋和一切都在一同燃烧；火焰制造出恐怖的声响，房屋的废墟爆裂开来。

天主教阴谋案

　　1678 年，伦敦和整个国家被一个编造的故事所困扰——耶稣会教徒计划刺杀查理二世，这样一来他信奉天主教的弟弟约克公爵（即后来的詹姆斯一世）就能继位。提图斯·奥茨（Titus Oates）编造了这个谣言，他原本是英格兰教会的神父，

左图：画中，提图斯·奥茨在颈手枷上，周围是被他指认参与了天主教阴谋案的无辜受害者（他们的心脏上都插着刀）。有两名受害者含冤接受了处决，而奥茨却存活下来并得到了赦免。

在 1677 年皈依了天主教。1678 年 9 月，奥茨在治安法官（Justice of the Peace）[①]埃德蒙·贝里·戈弗雷爵士（Sir Edmund Berry Godfrey）面前发誓说这场阴谋确有其事，而埃德蒙爵士在 10 月遭到谋杀，伦敦人民陷入恐慌之中。奥茨被带到枢密院前由查理亲自询问，查理没有相信他的说辞，但这座城市仍然将奥茨奉为英雄。

奥茨的谣言导致大约 35 人遭到处决，一些人死在狱中。天主教阴谋案（Popish Plot）中两位无辜之人分别是耶稣会的威廉·爱尔兰（William Ireland）和约翰·戈夫（John Gove）。奥茨本人带领巡警逮捕了爱尔兰并出庭指认。爱尔兰有证人提供可靠的不在场证明，查理因此相信了他，但法官们没有。1678 年，伦敦老贝利街（Old Bailey）的中央刑事法庭将二人定罪，称他们策划了一场"地狱般凶恶的阴谋"，没有"对他们的国王、国家和宗教表现出任何尊重，对他们自己和他们的财产、生命与妻小也是如此"。二人因严重叛国罪被一同押往泰伯恩接受拖行、绞刑与分尸，但仍然心存怀疑的查理下令将他们直接吊死，免去额外的痛苦。

最终，证据表明这是一场编造的阴谋。约克公爵因此控告奥茨，得到了 10 万英镑的奖赏。他在 1685 年成为国王，奥茨则因作伪证而获罪入狱，一直被囚禁到 1688 年奥兰治的威廉（William of Orange）将詹姆斯二世废黜。奇怪的是，奥茨在 1693 年又成为浸信会教友。

血腥巡回审判

詹姆斯二世自 1685 年继位兄长查理二世后，几乎没有体验过新王即位的和谐时期。不到六个月，蒙默思公爵（Duke of Monmouth）詹姆斯·斯科特（James Scott）便向詹姆斯二世发起了挑战。詹姆斯二世是蒙默思公爵的叔叔，在 1669 年改信天主教；蒙默思公爵则是查理二世的私生子，他这位新教徒在多塞特的莱姆里吉斯（Lyme Regis）登陆后获得了热情支持，组建起以农民为主的四千人部队，然而仅有这些热情是不够的。1685 年 7 月 6 日，蒙默思公爵在萨默塞特郡塞奇高沼（Sedgemoor）的平原迎战国王的军队，并败下阵来。他乔装成牧羊人逃跑时被俘，

[①] 又称太平绅士，前身是治安维持官（conservators of the peace），在理查一世统治时期首次得到任命。在 13 世纪时，治安法官由一郡之中的骑士和绅士构成，其主要承担一些司法职能。黑死病造成大量人口死亡之后，治安法官又增加了一些新的职能。

7 月 15 日在塔丘被斩首，笨手笨脚的刽子手杰克·凯奇（Jack Ketch）至少用了五刀才砍下蒙默思公爵的头颅。

叛乱之后是法官乔治·杰弗里斯（George Jeffreys）的"血腥巡回审判"（Bloody Assizes）。这位首席法官（Lord Chief Justice）以残忍和腐败而臭名昭著，他与另外 4 位法官将大约 320 名蒙默思公爵的支持者判处绞刑。数百人死在狱中，其他的被鞭打或罚款，更有 800 多人从英格兰被流放，被流放的人几乎都沦为巴巴多斯（Barbados）和其他殖民地的奴隶。

上图：乔治·杰弗里斯，威尔士人，绰号为"绞刑法官"，因为他常给出严厉的判决，尤其可见于血腥巡回审判中恐吓被告。他也曾勒索受害者的钱财。

詹姆斯则请求议会承认天主教和新教的平等地位，这也是他在英格兰恢复天主教计划的一部分。遭到拒绝后，他在 1685 年解散了议会，1687 年发表了宗教《宽容宣言》（Declaration of Indulgence），但这份法案为时已晚。次年，欧洲的新教领袖奥兰治的威廉登陆英格兰，在詹姆斯逃跑后接过了王冠。杰弗里斯法官也乔装成水手试图逃跑，却被抓获并关入伦敦塔，四个月后死在狱中。

杰克·凯奇

杰克·凯奇，有时又被称为约翰，是伦敦 1666 年至 1678 年的行刑人。他有着令人讨厌的性格，经常醉醺醺地出现在刑场送死囚上路。据估计，凯奇杀死了上百人，几乎都是以绞刑处决。因此，他缺乏斩首的经验，手法草率马虎而声名狼藉，尤其到了最后几年，他只偶尔接到工作。凯奇搞砸的两次任务分别是处决叛徒罗素勋爵（Lord Russell）威廉及蒙默思公爵詹姆斯。

"他缺乏斩首的经验，手法草率马虎而声名狼藉。"

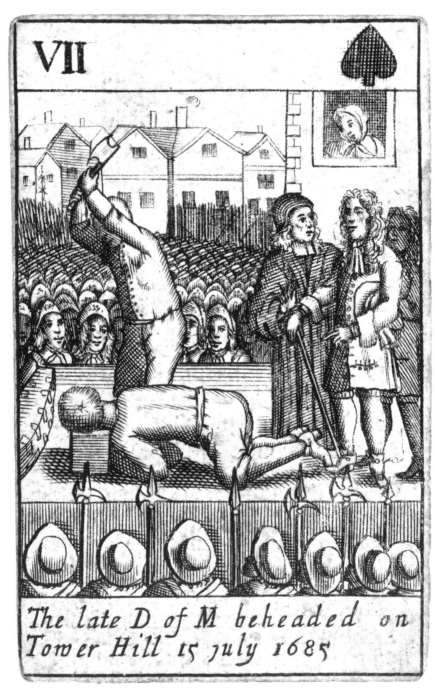

上图：图中描绘的是在斩首蒙默思公爵漫长过程中不安的杰克·凯奇。他的助手帕斯卡·罗斯（Paskah Rose）接替了他的工作，但凯奇后来又不得不重返岗位，为犯下入室盗窃的罗斯执行绞刑。

查理二世统治末期，罗素勋爵因支持刺杀国王被判有罪，在 1683 年由凯奇执行斩首。这名行刑人拿了至少十基尼 ① 的报酬，被要求做得干净利落，但他笨拙地用了四五刀才砍下罗素勋爵的头颅。凯奇受到众多批评，他发表了书面道歉，却仍然将问题归咎于受害者，认为罗素勋爵摆出了"错误的姿势"，也没有打出通常的手势示意他准备好了。

1685 年，蒙默思公爵将脑袋放上斩首台之前，给了凯奇六基尼，让他不要像劈砍罗素勋爵"那样劈砍我"，然后又补充道："我听说你砍了他四刀还是五刀。"这些话显然让凯奇更加不安，他的第一刀只划开了一道小小的伤口，令蒙默思公爵回过头来责备地看向他。又两刀下去，蒙默思公爵仍未毙命，凯奇扔下斧头说："我做不到，我的心辜负了我。"在郡长和围观人群的恳求之下，他拾回斧头，又用两刀结果了蒙默思公爵。一名观众后来写道，如果不是有守卫保护着，凯奇可能会被愤怒的人群撕成碎片。

凯奇在斩首蒙默思公爵后的第二年死去，人们称他无能、称他为莽夫，还有人怀疑是当局要求他故意执行这样痛苦的处决。他的名字被父母们用来吓唬调皮捣蛋的小孩，后来也成为所有刽子手的代称。

杀人的助产士

历史学家关注的显然是王室成员和其他领导者犯下的罪行，但普通的伦敦市民对彼此造成的伤害更加严重，比如一桩桩可怕的谋杀。来自法国的助产士玛丽·奥布里（Mary Awbry）便是其中的一个例子，她是胡格诺派（Huguenot）② 教徒，原名玛丽·德斯·奥尔缪克斯（Mary Des Ormeaux），嫁给信奉天主教的英格兰人丹尼斯·奥布里（Denis Awbry）后便开始遭到丈夫家暴。1688 年，丹尼斯的暴力行为越发严重，玛丽便密谋杀害丈夫，甚至还告诉朋友："我一定要杀了他。"

1 月 27 日，她的机会来了。凌晨 5 点，天还未亮，丹尼斯醉醺醺地回到家中，强暴玛丽后沉沉睡去。玛丽勒死并肢解了他，在与上任丈夫所生的儿子约翰的帮

---

① 　1 基尼相当于当时的 1.05 英镑，在 1816 年退出货币流通并停止面值交易。

② 　胡格诺派是基督教新教的一个派别，16 至 17 世纪形成于法国，在组织上属于宗教改革家约翰·加尔文（Jean Calvin）创立的加尔文宗。

助下将尸体分别藏到了不同的地方：残破的躯干于 1 月 31 日在霍尔本（Holborn）一处粪堆中被发现。作为有作案动机的唯一嫌疑人，玛丽遭到逮捕，在中央刑事法庭接受审判时供认不讳。她因此被判处火刑，3 月 2 日在莱斯特菲尔德（Leicester Fields），也就是今天的莱斯特广场（Leicester Square）接受了处决。

舞台之下的悲剧

17 世纪的伦敦时常发生激情杀人，而行凶者往往被认定无罪。一个著名的案例发生在伦敦剧院区的街道，一个名叫安妮·布雷斯格德尔（Anne Bracegirdle）的女演员被有预谋地绑架。安妮深受观众喜爱，在 17 世纪 90 年代因扮演莎剧角色而闻名，如《奥赛罗》（*Othello*）中的苔丝狄蒙娜（Desdemona）。

理查德·希尔上尉（Captain Richard Hill）深深迷恋上这个女演员，用了大量的时间和精力追求她。最终，他请求莫亨男爵（Baron Mohun）查尔斯和一伙街头暴徒的帮助，让他们在 1692 年 12 月 9 日绑架安妮，将她带去城外一个星期，这样希尔就可以说服安妮嫁给自己。希尔和查尔斯雇了一辆马车来实施绑架，车内备有几把手枪和供安妮更换的衣物。

> "二人雇了一辆马车来实施绑架，车内备有几把手枪和供安妮更换的衣物。"

然而安妮的母亲与邻居们介入此事，阻止了这次绑架行动。希尔又因此将注意力转向疑似安妮恋人的男演员威廉·蒙特福德（William Mountford），当晚与查尔斯一起在斯特兰德大街的霍华德路（Howard Street）袭击了他。

右图：安妮·布雷斯格德尔可谓多才多艺，既能出演莎士比亚的戏剧，又能在轻喜剧中放声歌唱。她在更加年轻的女演员安妮·奥德菲尔德（Anne Oldfield）声名鹊起后退休，死后被葬在威斯敏斯特教堂的回廊。

上图：莫亨男爵查尔斯在谋杀威廉·蒙特福德一案中被判无罪，但几年后又因另一项谋杀指控遭到逮捕，却再次得到王室赦免。他与汉密尔顿公爵在一场决斗中同归于尽。

查尔斯站在一旁望风或者上前缚住了蒙特福德的同时，希尔一刀捅向受害者的胸膛。蒙特福德在第二天死去，凶手希尔则逃往法国，留下查尔斯独自接受正义的审判。这场审判持续了五天，最后以 69 票对 14 票的结果宣布查尔斯无罪。

原先的受害人安妮在舞台之上越发出名。希尔后来因为与军队一起参与涉外事务得到赦免，但据说他死于某次酒后斗殴。1697 年，查尔斯在一场决斗中杀了人，但再次被无罪释放。1712 年，他在海德公园与汉密尔顿公爵（Duke of Hamilton）[1]决斗。二人均在决斗中身亡，但一般认为查尔斯首先被击杀，而他的副手又杀死了汉密尔顿公爵。

光荣革命

讽刺的是，詹姆斯二世被他的女儿玛丽和女婿威廉废黜，而新教徒威廉也是奥林奇王子与尼德兰总督。詹姆斯试图让英格兰再度信奉天主教，却让大多臣民陷入困境。1688 年 6 月 10 日，詹姆斯的儿子出生，这意味着詹姆斯有了可能延续这种宗教政策的继承人，几位地位显赫的政治家因此写信给威廉，催促他占领英格兰、夺取王位。威廉同意了行动，在 11 月 5 日登陆德文。他在进军伦敦的路上获得了众多支持，甚至连詹姆斯的另一个女儿安妮公主也投奔了威廉。但威廉也的确遭遇了一些抵抗，在雷丁（Reading）损失了 50 人。

---

① 莫亨男爵是辉格党的一员，而汉密尔顿公爵为托利党领袖。二人本就在家族之间产生了纠纷，而党派问题又推动了这场决斗的发生。

上图：詹姆斯屈辱地离开了他的王国。他试图逃往法国，却在肯特被抓。威廉无意囚禁国王让他殉道，下令准许他离开英格兰。

伦敦则爆发了反对天主教的叛乱，詹姆斯在 12 月 11 日逃去肯特，在那里被渔民抓获。迫切想要摆脱詹姆斯的威廉做出安排，允许国王在 12 月 23 日离开英格兰前往法国。

议会本希望玛丽以威廉为配偶，合法地统治，但她拒绝了议会，要求让两人以玛丽二世和威廉三世的名号共同统治国家。1689 年，国王推动了《宽容法案》的通过，保护了许多新教团体，但不包括天主教徒；他也同意签署《权利法案》（*Declaration of Rights*），赋予议会自由，王权的至高无上也因此终结。

威廉、玛丽与伊丽莎白

威廉是最不可能拥有情人的国王之一，但他确实有过一段鲜为人知的风流韵事。据说与威廉订下婚约后，玛丽发现他丑陋无比，于是终日哭泣。然而，他们的关系逐渐变得融洽。威廉并非直言不讳之人，他小心翼翼地隐藏着自己对玛丽的侍女伊丽莎白·维利尔斯（Elizabeth Villiers）的好感。伊丽莎白是芭芭拉·维利尔斯（查理二世的情人）的堂亲，她虽聪颖机智，却不如芭芭拉貌美，甚至还因为眼部问题被人称作"眯眯眼贝蒂"（Squinting Betty）。同样地，伊丽莎白也不像自己那位堂亲那样坦率，而是凡事都谨小慎微。

玛丽死于 1694 年，而伊丽莎白在次年嫁给了皇家苏格兰军团（Royal Scots）的一位将军，这令哀恸的国王感到些许欣慰。她始终是威廉亲密而忠诚的好友，也是宫廷中的固定成员。1702 年威廉去世后，她还邀请乔治一世（George I）与乔治二世（George II）[1] 到她的乡下庄园做客，她最终在 1733 年去世。

---

① 乔治一世和乔治二世是汉诺威王朝的第一任和第二任国王。乔治一世是詹姆斯一世外孙女索菲亚（Sophia）的儿子，在詹姆斯二世的另一个女儿安妮女王去世后继位；乔治二世则是乔治一世与索菲亚·多萝西娅（Sophia Dorothea）的独子。

5

18世纪

伦敦市民开启了消费与享乐的新时代,尽管贫穷依旧广泛存在,并面临着南海泡沫引发的金融危机。宗教叛乱仍未停息,许多家庭的孩子在美国作战时失去了生命。

对页图:世纪已经交替,伦敦人仍沐浴在王朝复辟和光荣革命的余晖之中。此刻似乎是振兴商业、发展娱乐的绝好时机,但严重的经济危机和社会问题也即将到来。

随着伦敦逐渐适应了来自德意志的君主的新王朝，变化与混乱贯穿了整个 18 世纪。议会面临着更多问题，市长大人被关进了伦敦塔。许多居民过上了更好的生活，但世纪末却又发生了大规模的"面包暴乱"与社会动荡。

分裂的伦敦

汉诺威的乔治一世已加冕为王，1715 年在伦敦举行了胜利游行，但伦敦人民就新任国王的合法性问题产生了严重分歧。乔治继承的王位来自斯图亚特王朝的最后一位君主安妮女王，而安妮则因为威廉与玛丽没有子嗣而接过了王冠。议会将被废黜的天主教徒詹姆斯二世排除在外，反而在詹姆斯一世的新教徒外孙女索菲亚一脉中选择了汉诺威家族的乔治。抵达英格兰时，乔治仅会讲几个英语单词，此后也从未受到伦敦人民的爱戴。

彼时的伦敦人口大约已有 63 万，民众在经济水平上差距甚大。特权阶级为这座城市增添许多现代特色——从"政治咖啡厅"[1] 到形形色色的报纸、小说与塞缪尔·约翰逊的词典[2]。然而大

上图：汉诺威王朝的首任国王乔治一世只会说德语，却要与他的大臣们用法语交流。与他的两个情人一样，乔治不受大多数人的欢迎，而他虐待妻子的流言也被大肆传播。

---

[1] 英国的第一家咖啡厅在 1652 年开业之后大受欢迎。人们不仅在咖啡厅享用咖啡，也会在这里谈生意、思想、政治，与别人讨论社会生活中的方方面面。

[2] 《约翰逊词典》(A Dictionary of the English Language) 于 1755 年出版，是英语史上最具影响力的词典之一。

部分伦敦人都穷困潦倒，几乎依然是中世纪的生活条件，也依然是中世纪的思想观念。

伦敦城中的恶性犯罪层出不穷，这些案件在畅销出版物《中央刑事法庭诉讼档案》（*The Proceedings of the Old Bailey*）中得到了详细记载。这本书在读者之间制造了焦虑，也令他们担忧起城市中的动荡。

乔治的两个情人

新任的汉诺威国王乔治一世在 1715 年抵达英格兰，随行的还有他的两个情人。乔治与她们的关系在此之前已经维持了多年，而他百无聊赖的妻子在 1694 年与瑞典一名伯爵有了私情，从此便被乔治关进阿尔登城堡（Castle of Ahlden）度过了余生的三十年，她再也没能见到自己的两个孩子。据说，乔治还派两人杀害了伯爵并抛尸河中。

人们都认为，乔治的两个情人毫无魅力。一个太瘦，被伦敦人起了"五月柱"（Maypole）的绰号；另一个又矮又胖，被称为"大象与城堡"（Elephant and Castle），该绰号为伦敦一处知名地点。"五月柱"真名为埃伦加德·梅卢辛·冯·德·舒伦伯格（Ehrengard Melusine von der Schulenburg），两人育有三个女儿。1727 年乔治去世后，她与自己的宠物渡鸦一起生活，并相信它是国王灵魂的化身。"大象与城堡"真名为索菲亚·冯·基尔曼塞格（Sophia von Kielmansegg），传闻称她实际上是乔治同父异母的私生女妹妹。

上图："五月柱"埃伦加德是乔治最爱的情人。她的众多头衔包括肯德尔女公爵（Duchess of Kendall）和格拉斯顿伯里女男爵（Baroness of Glastonbury）。

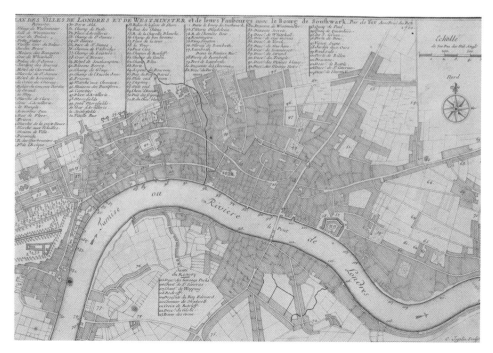

上图：到 18 世纪末时，伦敦的人口已经增长了大约 100 万。工业革命初显端倪，伦敦也逐渐成为大英帝国的中心。

酒馆暴乱

伦敦的无赖们经常聚成一帮又一帮的"暴徒"。乔治一世继位后的支持者都是律师、政治家这类绅士，喜欢聚集在酒馆和有政治团体、政治集会的场所。1715年，酒馆中新任国王的支持者与街头的示威者——尤其是要求詹姆斯二世复位的雅各比派（Jacobites）——发生了多场争斗。

1716 年 7 月 23 日，辉格党的忠实支持者在佛里特街（Fleet Street）索尔兹伯里宫的一座酒馆中高呼着"国王万岁""为国王的健康干杯"①。此举激怒了街上的群众，他们向进入酒馆的人扔石头，而岗亭中的巡警却对此视而不见。次日早晨，又有一大群人聚集起来扔石头，他们打碎了酒馆的大部分窗户，还威胁说要拆掉这座建筑，让它成为佛里特街上的篝火。一名巡警命令人群解散，但

> "伦敦的无赖们经常聚成一帮又一帮的'暴徒'。"

① "为……的健康干杯"（drink to the health of…）是英国在内的许多国家最常见的祝酒词。

上图：政治团体聚集的酒馆俱乐部里滋生的暴乱令伦敦市民震惊不已，也让乔治国王的支持者与斯图亚特王朝继承人詹姆斯的支持者开始相互对抗。在处决了五名叛乱者后，酒馆暴乱终于得以平息。

这只是在火上浇油。暴徒中有人大喊："不要乔治国王！不要汉诺威人！与酒馆一同倒塌吧！"有人从酒馆里拿来三瓶酒，为斯图亚特王朝继承人詹姆斯的健康干杯。酒馆里的一些人走了出来，欲将叛乱者赶出佛里特街，但他们寡不敌众，又逃回酒馆楼上躲避，而叛乱者在楼下大肆破坏，将酒馆中的物品扔到外面的庭院让暴徒们毁坏。一名自卫者被推进庭院，遭到棍棒一通乱打。

大概在上午11点，一名据说是罗伯特·里德（Robert Read）的顾客手持一把大口径滑膛枪向叛乱者开火，打死了人称"酸醋"的丹尼尔·沃恩（Daniel Vaughan）。9月6日，凶手在大陪审团前接受审判，法庭最后宣布其谋杀罪名不成立。然而，五名参与叛乱的暴徒被判有罪，在泰伯恩被处决。

地狱之火俱乐部

最初的地狱之火俱乐部（Hellfire Club）由公爵菲利普·沃顿（Philip Warton）与几位好友在1719年创立于伦敦，目的是让人们聚集在一起喝酒、唱下流歌曲、讽刺天主教会及其习俗仪式，从而为沉闷无比的星期日注入活力。两年后，俱乐部被王室勒令关闭，原因之一是它鼓动成员"互相腐化彼此的心灵与道德"。

更加广为人知的地狱之火俱乐部建立于1746年，属于圣弗朗西斯骑士团（The Knights of St. Francis）名下的官方组织，创

右图：弗朗西斯·达什伍德爵士创立了地狱之火俱乐部，他也是艺术与建筑的爱好者，且为"业余爱好者协会"（Dilettante Society）的创始人之一，还是一位知名的政治家。据说，本杰明·富兰克林（Benjamin Franklin）也曾拜访过俱乐部的地洞。

办人是有名的前英国财政大臣弗朗西斯·达什伍德爵士（Sir Francis Dashwood）。俱乐部在伦敦汉诺威广场（Hanover Square）弗朗西斯的家中举办了第一次集会，后来转移至"乔治与秃鹫"酒吧，接着又改到白金汉郡莫德梅翰（Medmenham）破旧不堪的圣玛丽修道院（St. Mary's Abbey）。达什伍德将修道院修复好后又重新进行了设计，增建了一座哥特式的塔楼。他在修道院的门道上刻下"Fais ce que tu voudras"的箴言，意为"行汝所想之事"。修道院内摆有几尊维纳斯（Venus）的雕像，下方修建了"地狱之火地洞"，俱乐部的"修道士"可以将他们的情人带到这里进行所谓的"私人祈祷"。大多数社交活动都与普通俱乐部里享受到的没什么区别，只不过加上了德鲁伊（Druids）之类的异教崇拜与更多的纵情声色。俱乐部成员互称"修士"，未来的伦敦市长大人约翰·威尔克斯（John Wilkes）便是其中一员，著名的作家、牛津伯爵霍勒斯·沃波尔（Horace Walpole）也是俱乐部的众多常客之一。

雅各比派叛乱

1707 年的《联合法案》（*Act of Union*）将英格兰议会与苏格兰议会合并，结束了苏格兰的政治独立，其议会代表与威尔士一样成为伦敦议会的成员。许多雅各比派（或称杰克派）人士表示抗议，想要复辟斯图亚特王朝的统治。信奉新教的辉格党（他们反对信奉天主教的斯图亚特家族和支持他们的托利党）扶持乔治一世继位，开启了汉诺威王朝，似乎也就此终结了这一切。然而，雅各比派立刻于 1715 年在苏格兰发动起义。同年夏天，马尔伯爵（Earl of Mar）约翰·厄斯金（John Erskine）召集众多人马进军珀斯（Perth），11 月 13 日在谢里夫缪尔之战中（Battle of Sheriffmuir）迎战阿盖尔公爵（Duke of Argyll）人数占下风的军队。双方此役打成平手，但厄斯金的起义部队此后便销声匿迹。

雅各比派进一步发动了更多叛乱，一场于 1719 年发生在苏格兰高地，以失败告终；最后一场发生在 1745 年，年轻的继承人查理·爱德华·斯图亚特（Charles Edward Stuart）在苏格兰北部登陆。这位被后人称为"美王子查理"（Bonnie Prince Charlie）的年轻人凭借自己的勇气和魅力召集了许多高地人。他们行军至德比（Derby），在 1 月 17 日拿下了福尔柯克战役（Battle of Falkirk）的胜利，但查理的军队不愿再继续前进。他们打道回府，4 月 16 日在因弗内斯（Inverness）

附近的卡洛登战役（Battle of Culloden）中被坎伯兰公爵（Duke of Cumberland）彻底击败。英格兰人残忍地杀害了受伤的敌人，又将 120 人送上刑场，并将 1000 名左右的战犯流放海外。查理被追捕了数月，最后艰难地逃往（除英国以外的）欧洲。从各个方面来看，雅各比派的叛乱都宣告结束。

南海泡沫事件

南海公司（South Sea Company）创立于 1711 年，负责与南美地区进行贸易往来。该公司属于公私合营，通过向英格兰银行（Bank of England）和东印度公

交易商与投资家饱受南海经济泡沫的痛苦。这幅描绘了当时混乱场景的绘画由维多利亚时代的画家爱德华·马修·沃德（Edward Matthew Ward）创作，现藏于伦敦泰特美术馆（Tate Gallery）。

司（East India Company）提供资金，来减少部分政府债务。公司主要业务是将奴隶运至西属美洲，尽管买卖差强人意，但他们仍然在 1720 年宣布接管政府的主要债务。此举引发了人们的投资热潮，大家竞相购买南海公司 100% 股权收益率的股票。到了 1720 年 6 月，公司的股票市价已从 128 英镑飙升至 1000 英镑，其他"泡沫"公司也相继诞生，以应对这波疯狂的投资。9 月，南海经济泡沫破裂，国家中包括国王乔治一世在内的许多显赫人物都遭受了巨额的财产损失。许多人因此破产或名声扫地，如那些一开始通过非法交易帮助制造了泡沫的人。政府贷款了 400 万英镑实施紧急救助，而这笔债务在三个世纪之后仍有一小部分尚未还清。一项调查发现，三名政府大臣受贿在议会宣传南海公司，而董事们为了个人利益采用欺诈手段操纵股票。许多人因此入狱或被没收了财产。

内阁政府 ① 在乔治一世的统治下开始运作，罗伯特·沃波尔爵士（Sir Robert Walpole）成为第一任首相（当时还不是这个头衔）。他也同时担任第一财政大臣，一直反对政府干预公司企业，最后在经济泡沫破裂时一些冲击得以缓和。

这场灾难导致政府对此后的公司组建有了诸多限制。南海公司在 1750 年向西班牙政府出售了大部分认股权，然后又维持运作了一个世纪，直到 1853 年停止业务。

杰克·谢泊德的逃脱

杰克·谢泊德（Jack Sheppard）出生于斯皮塔佛德的一个穷困家庭，他年轻时是一名木匠的学徒，但不久后便认为自己真正的天赋是抢劫。他身高仅有 1.6 米（5 英尺 4 英寸），身材瘦小，很容易被抓获，却很难被关押，这也让杰克成为伦敦市民眼中浪漫主义式的英雄人物。有一年，杰克曾四次神奇越狱。

1724 年 4 月，杰克因盗窃被捕，被关押在圣吉尔斯拘留所（St. Giles Roundhouse），但他破开屋顶成功逃脱，还扔瓦片砸中了他的看守。次月，杰克又因扒窃被捕，与他从业妓女的情人伊丽莎白·莱昂（Elizabeth Lyon）一同被关押在克拉肯威尔（Clerkenwell）的新布莱德威尔监狱（New Bridewell Prison）。杰克锉开他的脚

---

① 乔治一世由于语言不通、对于英国政事不甚了解，自 1718 年开始便不再出席内阁会议，将国家问题全部交给内阁大臣讨论研究，再由首相统一汇报给国王。

Jack Sheppard's Farewell to Mr Wood.

Blueskin cutting down Jack Sheppard.

左图：乔治·克鲁克香克（George Cruikshank）为威廉·哈里森·安斯沃思（William Harrison Ainsworth）在 1839 年出版的畅销小说《杰克·谢泊德》创作了这几幅版画：杰克被他的强盗同伙"蓝皮"乔瑟夫·布莱克（Joseph "Blueskin" Blake）从绞刑架救下，又被人群托举着运走。

镣，在墙上凿出一个洞来，又从窗户上拆下一根铁棍，与贝丝 [①] 一起用床单做成的绳子滑降而下。接着，他们越过 6.7 米的高墙奔向自由。

　　杰克在 7 月 23 日再次遭到拘捕，因入室盗窃被判死刑，处决前被关押在纽盖特监狱（Newgate Prison）。贝丝与另一名妓女前来探监，借机分散了警卫的注意力，杰克便用贝丝夹带进来的锉刀解开镣铐，然后换上她的一条裙子逃跑。在逃期间，他给行刑人杰克·凯奇写了一封信，说他非常遗憾地没能加入另外两名犯人的

---

① 伊丽莎白的昵称。

行列，与他们一道按照计划接受绞刑。杰克在信中为凯奇的健康干杯，感谢凯奇在这天施与他的恩惠，又在结尾写道："亲爱的杰克，你会发现铁栏和锁链在你这位朋友与仆人面前，仅仅是微不足道的阻碍。"

上图：乔纳森·怀尔德对自己的法律地位颇为自豪，人们可以看见他挂着代表官方的银杖在伦敦街头巡逻。然而，怀尔德抓获的许多窃贼都是他曾经敲诈勒索的罪犯。

9月，又一次落网的杰克回到纽盖特监狱，这次他被关入一间特殊的牢房、铐上手铐、锁上铁链。这对杰克来说小菜一碟，他挣脱了手铐，用一根钉子撬开地板上的锁链，然后爬上烟囱，再撬开了路上几扇上锁的房门，挤过铁栅栏来到屋顶。接着，他又返回牢房取来毛毯，用它滑到一栋房子的屋顶。他从前门离开时仍然戴着脚铐，但很快就被一名鞋匠取了下来。而后，杰克立刻抢劫了一家典当铺，他拿走一把长剑、一套体面的西装和一个鼻烟壶，将自己打扮成一位贵族，这样就能震惊到他的朋友了。

开怀畅饮了两周后，杰克被臭名昭著的"捕贼将军"乔纳森·怀尔德（Jonathan Wild）逮捕。公众可以去纽盖特监狱探视杰克，而每天都有上百人前往并为此支付四先令的费用。亨利·桑希尔爵士（Sir Henry Thornhill）为其创作了"处决画像"。这一次，杰克再也无法脱身。1724年11月16日，大约20万人前来观看他的绞刑，垂泪的女人们在杰克经过时纷纷朝他投掷花朵。这个22岁的英俊小伙差点就再次逃脱了，可当局发现了杰克藏起来的小折刀，他原本想用它割断绳索，然后跃向聚集着崇拜者的安全地带。杰克被绞死后，人群涌上前去，阻止当局取下尸体带去解剖，却也破坏了杰克的朋友们试图让医生救活他的计划。

"大约20万人前来观看他的绞刑，垂泪的女人们在杰克经过时纷纷朝他投掷花朵。"

四年后，约翰·盖伊（John Gay）以杰克为灵感，在《乞丐歌剧》（The Beggar's Opera）中创造了麦克西斯上尉（Captain Macheath）这个角色。

上图：乔纳森·怀尔德被押往泰伯恩接受处决，被围观者投掷泥土和石头。彼时的他几乎神志不清，在早晨吞下了毒药却幸存了下来。他在绞刑架上懒散的样子也激怒了人群。

捕贼将军

乔纳森·怀尔德是伦敦的犯罪大师，他与执法机构联手追捕违法之人，同时自己也带领着一帮不法分子，成为恶名昭彰的"捕贼将军"。

怀尔德出生于斯塔福德郡的伍尔弗汉普顿（Wolverhampton），他为了追求各种有违道德的刺激而抛弃妻儿来到了伦敦。最终，他被关进债务人监狱，在那里他构建起自己的犯罪组织。怀尔德的组织里有小偷、勒索者、销赃者与拦路强盗。受害者也会花钱请怀尔德"寻回"由他手下盗走的货物。组织中任何不服从怀尔德的人都会被出卖给当局，而正是他将大约 120 人送上了刑场。怀尔德也会帮助巡警搜寻、抓捕经常出没于城市街头的小贼，还在他们的审判上出庭作证。每有一人被定罪，政府都会支付他 40 英镑的酬金。

因怀尔德背叛了以四次越狱而名声大噪、深受爱戴的杰克·谢泊德，公众开始反对他。同时，政府在怀尔德 15 年的黑白通吃后，也受够了他的"犯罪帝国"，于是以一项次要重罪①将其逮捕并判处死刑。在前往刑场的路上，押送怀尔德的队伍在三处酒馆前停下，让他喝完最后几杯酒。1725 年 5 月 24 日，怀尔德在泰伯恩被绞死。行刑人曾是他的婚礼嘉宾，执行处决前又额外给了他一些时间。几天后，怀尔德的尸体被下葬，却又被医生挖掘出来。如今，他的骨架依然可以在皇家外科医学院（Royal College of Surgeons）里看到。

弓街猎手

伦敦第一支职业的警察队伍在 18 世纪逐渐成形。"轮班办事处"（Rotational Offices）在 18 世纪 30 年代设立，由治安法官坐班，公众可以前来寻求帮助。其中一处于 1739 年在考文特花园附近的弓街（Bow Street）设

---

① 重罪是刑法中最严重的一类犯罪，不同国家又会根据其严重程度分为不同等级。例如，在四级制划分中，一级重罪情节最为恶劣，所受刑罚最重。

立，雇用"捕贼手"的方案则在 1748 年首次实行：这些人受雇追踪、抓捕罪犯，知名的包括人称"捕贼将军"的乔纳森·怀尔德、约翰·汤森（John Townsend）和约翰·塞耶（John Sayer）。"捕贼手"们后来又被称作"弓街猎手"（Bow Street Runners），官方头衔为"高级警官"（Principal Officers）。这个体系由治安法官兼小说家亨利·菲尔丁（Henry Fielding）和他同父异母的弟弟约翰·菲尔丁（John Fielding）组织。他们也会雇用兼职巡警或步行或骑马在城市中巡逻。

　　到 1792 年时，伦敦已有 6 座警署，每处配备 6 名巡警和 3 名治安法官。1800 年，泰晤士警察局（Thames Police Office）在沃平（Wapping）成立，拥有 100 位巡警和 3 位治安法官，负责处理码头与河流上的犯罪活动。习惯于自己维护街坊治安的伦敦市民，从此拥有了职业的警察队伍来保护他们的安全。

上图：弓街治安法庭（Bow Street Magistrates' Court）与它的"猎手"们。这座建筑如今依然矗立在考文特花园歌剧院（Covent Garden Opera House）的旁边。

珍妮·戴佛

玛丽·杨（Mary Young）出生于爱尔兰，因为身为私生女而遭到遗弃。她在学校学会了针线活，决定搬到伦敦做一名女裁缝。然而，玛丽刚到那里就邂逅了一群扒手，她的灵巧手指大获青睐，也使得她成为这个团伙的首领。他们重新给她起名为珍妮·戴佛（Jenny Diver），因为当时的扒手被称为"戴佛"。

珍妮总是穿上最时尚的衣服，熟稔地伸出手去让绅士扶住，然后迅速取走他们的戒指。她有一个更具创意的伎俩是戴上假手前往教堂，坐在有钱的礼拜者旁边，然后将假手放在身前，用真正的手去摸索他们的口袋。还有一种诡计是珍妮邀请富裕的绅士来到她的卧室，待男人脱下衣服后，她手下的窃贼便会来到门前，乔装成女仆通知她丈夫回来了。他们藏起绅士的衣服，让他躲在床罩之下，团伙从而偷走所有贵重物品，包括他的钻戒、金表、长剑的金柄和顶部镶金的手杖。

最终，珍妮在 1733 年对一位绅士行窃时被抓了现行。法院判处她死刑，但之后减刑为放逐至弗吉尼亚。她在北美无所事事，不久便贿赂了一名船长回到了英国，而这样的行为必然会受到死刑的惩罚。珍妮的手指不再像往常那般灵巧，回到街头的她又遭逮捕。因为她使用了简·韦伯（Jane Webb）的化名，所以这次行为被记录为初犯。1738 年，珍妮再次被流放北美，她也再次通过贿赂回到了英国，继续做她的"生意"。1741 年 1 月 10 日，珍妮试图偷窃一位女士的钱包时，被受害者发现并紧紧抓住了她的手，有路人上前协助并唤来了巡警。

珍妮和她的同伙伊丽莎白·戴维斯（Elizabeth Davies）"申辩自己有孕在身"[1]，但医生否认了这套说辞。伊丽莎白遭到流放，而珍妮已被发现从北美返回，还以假名接受过审判，因此被法庭判处死刑。3 月 18 日，她身穿精致的黑色长裙、头戴垂下面纱的礼帽，与另外 19 名囚犯被押往泰伯恩接受了集体绞刑。有记载称，珍妮很快就断气了。

> "他们重新给她起名为珍妮·戴佛，因为当时的扒手被称为'戴佛'。"

---

[1] 被判处死刑的女性罪犯可以申辩自己有孕在身（pleading the belly），如果在接受检查后确认属实，那么处决将延至产下小孩后执行。实际案件中，申辩成功的女性罪犯最后往往得到减刑与释放。

上图：珍妮·戴佛因其高超的犯罪技巧而名声在外，在这份出版物中被称为"扒手女王"。在接受处决的几日前，珍妮将自己三岁的孩子托付给狱卒，让那个男人潸然泪下。

反爱尔兰人暴乱

爱尔兰人在很早之前就来到伦敦寻找工作，但他们的数量从 1736 年开始急剧增长。伦敦当地人对此十分愤怒，因为工作都被这些愿意接受更低薪水的初来乍到者抢走了。例如，在肖迪奇（Shoreditch）建造一座新教堂的许多当地工人都被爱尔兰人取而代之，而他们拿到的薪水则只有英格兰工人的一半。

7 月 26 日，反对爱尔兰人的暴乱在被爱尔兰工人"接管"了的肖迪奇和斯皮塔佛德两地爆发，很快又席卷了怀特查佩尔（Whitechapel）、兰伯特（Lambert）、萨瑟克和伦敦其他地区。暴乱者们大喊道，他们失去工作、忍饥挨饿，都是因为这些爱尔兰人。大约 4000 名暴乱者在街头游行，袭击爱尔兰酒馆这种明显的目标，打破窗户、毁坏内室。自卫队和伦敦塔护卫闻讯赶来镇压了闹事者，然而在接下来的日子里，暴乱者们四处出没，抓住有爱尔兰口音的人，就质问他支持爱尔兰还是英格兰。8 月中旬以后，暴乱逐渐停息，但当地人对爱尔兰人的偏见仍然存在。

拉维尼娅·芬顿

拉维尼娅·芬顿（Lavinia Fenton）是一名海军中尉的私生女，自年幼时便成为童妓。当时的处女之身价格在 150 英镑左右，而妓院里经营的孩子最小只有 10 岁。拉维尼娅对未来有着更好的打算，她想在查令十字街（Charing Cross）上母亲开的咖啡屋附近做街头歌手。拉维尼娅貌美活泼，1726 年成为演员，两年后，

右图：拉维尼娅·芬顿靠婚姻获得了头衔，却从未被丈夫这边的亲属和其他贵族所接受。

年满 20 的她扮演了约翰·盖伊《乞丐歌剧》中的角色波莉·皮查姆（Polly Peacham），并一举成名。威廉·荷加斯（William Hogarth）还将她绘入一幅演出场景图。同年，她放弃了演员生涯，与已婚的博尔顿公爵（Duke of Bolton）查尔斯·保利特（Charles Paulet）私奔，做了他 23 年的情人，还生下三个儿子。1751 年查尔斯的妻子死后，拉维尼娅与他结婚，从此成为公爵夫人。

娼妓的避风港

据估计，在 18 世纪的伦敦，每五名年轻女性中就有一人选择或被迫从事性交易活动。这些生意集中在治安法官约翰·菲尔丁爵士戏称为"维纳斯广场"的考文特花园周边，咖啡厅、酒馆和金酒商店则常常是见面地点。许多妓女在伦敦东区的街头和城市码头拉客，价钱更高的高级妓女则住在西边诸如马里波恩

上图：18 世纪，性交易活动十分普遍。公众并不总是唾弃妓女这一职业，作家们也写了很多贫穷女孩为了生存而被迫出卖肉体，或许还嫁给一位好丈夫的故事。

"也有妓女一个月赚的钱比得上职员一年的收入。"

（Marylebone）与苏荷（Soho）的漂亮房子里。公园或其他公共场合也是常见的交易地点。许多妓女的生活近乎贫困，但也有妓女一个月赚的钱比得上职员一年的收入。相较于家庭女仆的 5 英镑年薪，这样一名"快活女郎"每年挣的钱能超过 400 英镑。《哈里斯的考文特花园女士名单》（*Harris's List of Covent Garden Ladies*）这本手册列出并介绍了每名妓女和她们的地址，于 1757 年首次出版，持续发行了 30 多年。

改革者和"打击恶习"的组织群体都在努力减少社会上的性交易活动，但伦敦市民大都对性交易活动十分宽容。马达兰收容所（The Magdalen House）由城市的商人为悔过的妓女建立，集祷告、做工与教导为一体。据收容所称，他们在 1758 至 1916 年间，让居住在这里的大约 1.4 万名女性改过自新，实现了三分之二的成功率。

夏洛特·海耶斯

　　夏洛特（Charlotte）是妓院经营者伊丽莎白·沃德（Elizabeth Ward）的女儿，年轻时便从事与母亲相同的职业。她换上新的姓氏"海耶斯"（Hayes），先后在苏荷区和圣詹姆斯区开办妓院。然而，夏洛特入不敷出，曾多次被关进债务人监狱。1756 年，她在佛里特监狱（Fleet Prison）认识了职业赌徒丹尼斯·奥凯利（Dennis O'Kelly），两人在乔治三世（George III）赦免监狱中所有欠债者后得到释放，建立起了情人关系。

　　此后，夏洛特在圣詹姆斯宫（St. James's Palace）附近的国王广场（King's Place）开办了一家豪华四层妓院，顾客可花费 100 英镑在此留宿一晚。她宣称自家有"上等货色"，而最好的便是艾米丽·沃伦（Emily Warren），她之后也成为著名的高等妓女。夏洛特也为女性顾客提供男妓。来过伦敦的人对营业场所门前排起的马车长队大为震惊，而她逐渐在城里经营起多家妓院。

　　另一方面，奥凯利幸运地买下一匹名叫"日食"（Eclipse）的种马，它赢得 18 场比赛成为赛马冠军，带回了 3000 英镑的奖金。二人在生意上积累了足够财富，买下几处总价值 7 万英镑的地产。1785 年奥凯利去世后，夏洛特的健康与财政情况都开始恶化，最终在 1798 年再一次被关进债务人监狱。奥凯利的侄儿在夏洛特签字将剩余财产全都转移至他名下后将她保释出狱。1813 年，夏洛特去世。

征兵队

18 世纪，英军需要更多的士兵来参与在欧美地区的战争，当常规招募无法再增加人手时，陆海军便开始通过强制征兵以实现目的。由征兵部（Impress Service）雇来干这种"粗活"的就被称作"抓丁人"。征兵队在伦敦和其他城镇的街头游走，搜寻年龄在 18 岁至 55 岁的健康男子，但他们也时常违反这些规定。许多受害者来自商队，或者已经在陆海军有过服役经历。抓丁人有正当权力登船寻人，所以一些船长会将他们最好的船员藏在专门的地方。此外，征兵队还会厚颜无耻地在街头绑架劳工和身强力壮的市民。一些受害者用钱贿赂征兵队请求放过自己，当地人也经常与逮走邻里的抓丁人争斗。

另一种方法是兵贩屋（crimping houses）——兵贩子将男人们骗入这些低级公寓后不停地给他们灌酒，然后将他们强行征进某支部队。此外，这些房子也用来关押被捕后将要移交的罪犯。1794 年，查令十字街附近的兵贩屋中，一名东印度公司的囚犯试图从天窗逃跑时不幸摔死。此事引发了暴乱，导致多处兵贩屋建筑遭到损坏。

被强征入伍的人没有诉诸法律的权利。这一做法可以追溯到几个世纪之前，议会也分别在 1703 年、1705 年、1740 年和 1749 年通过相关法案予以支持。一年一度的征兵法案也给予了治安法官强征无业人群的权力。

1812 年英美战争爆发的主要原因便是英国皇家海军于 18 世纪末至 19 世纪初在公海领域强制征召美国水手。

放逐罪犯

在《血腥法典》(*The Bloody Code*) 的规定下，英国自 1717 年开始采用放逐罪犯这种省钱手段，清除社会上的不良分子。即便是那些面临处决（尤其是因为街头犯罪被判死刑）的罪犯，都有可能被减刑为放逐。最初的囚犯主要被送往美洲的殖民地，时间通常是 7 年或终生。1718 至 1776 年间，约有 5 万名罪犯被流放到如今美国的弗吉尼亚和马里兰，但这个方案在 1775 年美国独立战争爆发后不再可行；1787 年时，遥远的澳大利亚新南威尔士州 (New South Wales) 已经成为英国法官放逐罪犯的首选之地。这段旅途可能要花上六个月的时间，而早些时候使用老朽破旧的军舰运输囚犯，会导致每三个人中就有一人死亡。1787 至 1857 年间，约有 16.2 万罪犯被送往澳大利亚，他们的年龄下至九岁上逾八十岁。

放逐制度常常盯上一些模棱两可的"罪犯"，比如爱尔兰民族主义者之类的政治囚犯，或者那些犯罪案底无关紧要、需要用来充当廉价劳动力的人，因为被放逐者将会在道路、农场或采石场之类的场地从事繁重工作。他们大多需要服刑 7 年至 14 年，但表现良好的可以获得缩短时间的"假释证"。得到无条件赦免的人可以返回英国，但得到有条件赦免的人则并非如此。

放逐制度一直实行到 1868 年，但对伦敦的犯罪率并未产生什么影响。澳大利亚的居民反对接受更多罪犯，英国公众也认为没有必要让大家出钱为罪犯提供免费的船票让他们开启一段新的生活，这项刑罚制度因此被废除。

金酒法案

酒精可以让伦敦的工人阶级忘却自身的烦恼。1688 年，金酒从尼德兰传入英国，来到习惯饮用啤酒与麦酒的当地居民中。与啤酒与麦酒不同的是，金酒价格便宜、没有执照且不受监管，因此在穷人之间越发流行。1734 年，城市中有了超过 1500 家酿酒厂；六年后，整个伦敦估计有 9000 家金酒商店贩卖这种饮品，导致酩酊大醉之人随处可见。当局担心此习惯会导致懒惰、贫穷、冷漠、堕落以及普遍的犯罪，因此自 1729 年开始征收金酒税、颁发许可证。1736 年，监管进一步加强，违反者将受到新的严厉处罚，这也导致了 1737 年的城中暴乱。

"酒精可以让伦敦的工人阶级忘却自身的烦恼。"

亚历山大·约翰逊（Alexander Johnson）1858 年的画作《征兵队》（The Press Gang）展现了水手们厚颜无耻地在大庭广众之下强征船员。伦敦码头与其他港口城市是这些可怕的征兵人最爱的"猎场"。

此后暴乱虽然得到了控制，但新的法规却没怎么得到执行。七年后这些法规被取消，犯罪率也开始迅速增长。议会的"重罪委员会"将问题归咎于人们对金酒的消费，于是在 1751 年通过了《金酒法案》（*Gin Act*），大大加强了对金酒的控制。

上图：威廉·荷加斯的版画《金酒巷》意在体现饮用廉价金酒的危害。人们将贫困潦倒和大量犯罪都归咎于对金酒的消费。

同年，伦敦的治安法官兼小说家亨利·菲尔丁写道，金酒是"这座大都市中十多万人的主食（如果可以这么说的话）。有许多这样的可怜之人，在二十四小时内吞下数品脱①这种毒药；不幸的是，它的可怕危害我每天都能看到、每天都能嗅到"。公众对于金酒危害的担忧也反映在威廉·荷加斯同时期创作的版画中——《金酒巷》（*Gin Lane*）里憔悴瘦弱的伦敦人与《啤酒巷》（*Beer Lane*）中健康强壮的伦敦人形成了强烈对比。

《金酒法案》实施后，这种饮品的销量开始下降，同时其还受到了啤酒行业发展带来的影响。

臭气冲天

在 18 世纪的伦敦，一个人需要强大的忍受能力，才能生活在下水道裸露在外、污水恶臭熏天的街道上。更甚的是，许多马匹在干活时留下排泄物，居民将腐烂的垃圾扔在屋外并从窗户往外倾倒夜壶。屠夫和屠宰场丢弃的动物内脏与各种自然死亡后腐烂的动物尸体加重了臭气。雨水则让街道的情况更加糟糕，路过的马车溅起行人一身水，这并非普通的积水，而

> "神父们常站在坟墓的一定距离之外主持葬礼，以免嗅到其中散发的恶臭。"

---

① 一品脱约等于半升。

上图：伦敦的拥挤街道是有毒污水、腐臭气味和其他各种污染的危险组合。不同阶级的人群混杂在一起，为有害而致命的病菌提供了温床。

是肮脏的污水。更加令人作呕的味道来自被污染的泰晤士河、燃烧煤炭升起的黑烟，甚至还有穷人的公共墓地。这些墓坑只是盖上木板不做固定，直到用一层层木头棺材填满，而填满墓坑有时需要横放 6 排、竖放 12 层。神父们常站在坟墓的一定距离之外主持葬礼，以免嗅到其中散发的恶臭。不仅如此，这些味道也渗透到建筑之内。为了掩盖被告市民身上的臭气，法庭里经常散布着鲜花和香草的芬芳。

迪克·特平

　　英格兰最有名的一名拦路强盗当数在伦敦及周边地区作案的迪克·特平（Dick Turpin）。他虽野蛮且难看，脸上全是天花留下的疤痕，如今却被吹捧为英勇而浪漫的拦路强盗。在那个年代，城镇之间的道路上还没有分配警察保护，只有大约 50 名巡警看守通向伦敦的道路。

　　据说，特平最初在怀特查佩尔（今属伦敦）一名屠夫手下当学徒。早年犯下几桩轻罪后，特平与他的埃塞克斯帮（Essex Gang）抢劫了几处农庄，为了女人们的贵重物品还常常折磨她们。1735 年，伦敦多家报纸报道了特平及其手下的犯罪活动，国王乔治也悬赏 50 英镑逮捕他们。次年，他们抢劫了马里波恩（今属伦敦）

上图：尽管迪克·特平被传奇化地描述成一个大胆无畏的拦路强盗，其实却是路上令人害怕的罪犯，抢劫旅人、折磨女性。他在绞刑架上耀武扬威的样子更是强化了他自信潇洒的形象。

的一处农庄，还殴打农场主的妻子和女儿，直到他交出了自己的财物。

后来，特平与另一个声名狼藉的拦路强盗汤姆·金（Tom King）结伙，他们在艾坪森林（Epping Forest）扎营，抢劫过路之人。1737 年，一名猎场看守人追踪到他们的藏身之处，想要赚取当时已涨至 100 英镑的赏金，却被特平开枪打死。两名法外之徒返回怀特查佩尔时，金被警察抓住，特平本想射击他们，却失手射杀了金。特平意识到继续待在伦敦地区非常危险，于是前往约克郡，化名约翰·帕尔默（John Palmer），扮成一位乡绅，不时地偷窃家牛、拦路抢劫。

特平犯下的致命错误是为了取乐而射杀了房东的小公鸡，他因此遭到逮捕并被关进了约克城堡（York Castle），警察们也开始调查所谓的约翰·帕尔默盗窃牲畜的案件。特平写信给自己的兄弟，让他从伦敦寄来身份证明帮他打官司。然而，他的兄弟不愿缴纳 6 便士的邮费，因此拒收了信件并将其退回邮局，而特平的前校长恰好在那里。他认出了字迹，于是特平被定罪并被判处绞刑。为处决做准备时，特平买了一套新衣服，又雇了五名送葬者。在坐着马车前往约克的赛马场接受绞刑的路上，特平向周围的人群鞠躬致敬。在绞刑架上，他又用了三十分钟向女士们鞠躲、与行刑人和守卫交谈，然后突然跳下，吊死了自己。下葬后，一名工人挖出他的尸体，非法卖给了医生做解剖。听闻此事后，暴怒的人群突袭了医生的办公室，夺回尸体并将其体面地安葬。

特平勇敢而潇洒的拦路强盗形象则来自在他死亡 50 年后的维多利亚时代出版的一本小说。此书谬称他骑着一匹名叫"黑贝斯"（Black Bess）的马，在 24 小时之内就从威斯敏斯特赶到约克，完成了一场史诗般的骑行，但这实际上是另一名拦路大盗约翰·内维森（John Nevison）[①] 的壮举。这个传说很快在其他出版物中反复提及并流传至全国各地，随着时间推移而越发可信。

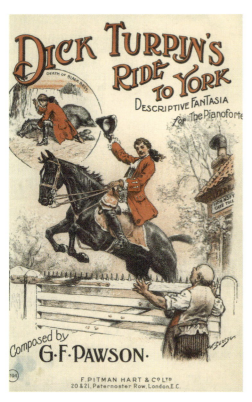

上图：特平的英勇壮举在整个国家被反复传颂，每讲述一次就更伟大一分。维多利亚时代的小说《卢克伍德》（*Rookwood*）、各种杂志和上图的音乐海报都令特平前往约克的虚构之旅经久流传。

杀人的妻子

1702 至 1734 年间，共有 10 名女性在泰伯恩接受火刑。其中 8 名涉嫌造假、2 名因涉嫌谋杀丈夫而获叛逆罪。

凯瑟琳·海耶斯（Catherine Hayes）在嫁给约翰·海耶斯（John Hayes）之前是一名妓女和家庭女仆，而雇佣她的伍斯特郡农场主正是约翰的父亲。她在 1719 年说服丈夫搬去伦敦，从此得到了寻欢的机会，其中一段还是与她在农场工作前生下的私生子乱伦。丈夫如今已无法满足凯瑟琳（尽管她自称与他一共生下了 14 个孩子），于是她说服儿子和另一名做屠夫的情人杀掉了他。1726 年 3 月 1 日，约翰醉醺醺地躺在床上时，他们用一把斧头

---

① 一说威廉·内维森（William Nevison）。

右图：凯瑟琳·海耶斯在火刑中极其痛苦地死去。在她接受处决时，泰伯恩旁为150名观众搭建的看台发生了两次坍塌，造成5到6人死亡、数人受伤。

杀了他，屠夫割下他的头颅并扔进了泰晤士河。头颅被冲上威斯敏斯特的河岸，当局将其插在尖桩上，希望有人能认出这名受害者。至少有三人认出了被害人，而警察来到海耶斯的房子时，发现凯瑟琳正与她的儿子躺在床上。约翰剩下的尸体很快被找到，三名嫌疑人也均被逮捕。

凯瑟琳在审判中供认道，自己在男人们实施谋杀时只是举着蜡烛，但陪审团在4月30日将三人全部定罪。两名男子被判处绞刑并用铁链套住尸体，凯瑟琳则因为犯下杀死丈夫的轻叛逆罪被判处火刑。等待处决期间，她对一位神父讲述她的丈夫何等残忍、何等亵渎上帝，说"杀死他的罪过还比不上杀死狗或猫"。

1726年5月9日，凯瑟琳在橇车（拖在马后、由纤细的树枝编织而成的长板）上被拉往泰伯恩。祈祷之后，她被铁链绑在火刑柱上，一根绳索穿过柱子上的小洞套住她的脖子，这样就能先将她勒死，免受火焰带来的痛苦。然而，行刑人

"屠夫割下他的头颅并扔进了泰晤士河。"

点燃凯瑟琳脚下的干木捆后，却因火焰太过炽热而无法靠近以勒死她。她依然在巨大的痛苦中缓慢死去。一个小时之内，她便化为灰烬。

18 世纪的婚姻生活对女性来说并不轻松。家暴被视为个人的家庭事务，出于自卫而杀死虐待自己的丈夫也无法当成脱罪借口。

苏珊娜·布鲁姆（Susannah Broom）是位百依百顺的妻子，却遭受了丈夫超过 40 年的暴力虐待。邻居们都知道这件事情，看着她青肿而血迹斑斑的脸颊和手臂却无力干涉。家暴通常发生在丈夫大醉着回到家后，于是苏珊娜开始将酒后的男人锁在屋外。命案当晚，她终于让丈夫进了门，而他却开始殴打她。苏珊娜被愤怒冲昏了头，她抓起小刀捅向丈夫的胸口、肚子和腿。邻居们听见了男人的叫喊却都置身事外，也许是认为正义得到了伸张。次日早晨，苏珊娜逃去牛津郡伯福德（Burford）的姐姐家中，但很快就被逮捕。

在对苏珊娜的审判上，无论是她本人还是邻居都不能为她的行为辩护。67 岁的苏珊娜被宣告有罪并判处在泰伯恩接受火刑。对她的处决在 1739 年 12 月 21 日执行。

伊丽莎白·布朗里格

伊丽莎白·布朗里格（Elizabeth Brownrigg）是个优秀的助产士，她与做水管工的丈夫过着体面且令人羡慕的生活。正因如此，伦敦弃婴医院（London Foundling Hospital）让她收了几个年轻姑娘做学徒和女佣。然而，伊丽莎白实际上是个性格暴躁的人，为一丁点错误就要施加残酷的惩罚。她会强迫学徒脱光衣服，用铁链将她们的脖子套在梁柱或水管上，然后拿鞭子、笞条和棍棒抽打她们。她还会让姑娘们挨饿，在晚上将她们锁在煤窑中。

有两名学徒最终逃回医院寻求庇护，但其中一人又被送回了布朗里格家。医院的主管们只是嘱咐了伊丽莎白的丈夫，让他管束一下妻子的惩罚。

14 岁的玛丽·克利福德（Mary Clifford）就没有那么幸运了。伊丽莎白会将她浑身赤裸、双手高举着绑在水管上殴打。玛丽从 1766 年 5 月到 1767 年 8 月受的伤开始感染恶化，导致了她的死亡。伊丽莎白与丈夫詹姆斯和儿子约翰因涉嫌谋杀而接受了审判，最后伊丽莎白被判有罪；她的丈夫和儿子则因为容许用刑与不时殴打玛丽而入狱。1767 年 9 月 14 日，47 岁的伊丽莎白在泰伯恩大批愤怒的人群面前接

上图：法庭记录显示，伊丽莎白·布朗里格用几根长鞭、笞条和棍棒打死了玛丽·克利福德。报道称，在前往泰伯恩接受处决的路上，伊丽莎白"几乎被愤怒的人群撕成碎片"。

受了绞刑。接着，她的尸体被当众解剖，遗骨在皇家外科医学院展出，这样"她的极度残忍也许就能给人们留下更加长久的印象"。

伦敦大战伦敦城

古老的伦敦城一直保持着这块"方里小地"（Square Mile）的独立与自由，人们也通常将它与首都的其他区域分开来看待。1770 年，成为首相的诺斯勋爵（Lord North）试图阻止报纸刊登议会各项议事进程，伦敦与伦敦城之间的斗争也就此达到顶峰。约翰·威尔克斯帮助策划了一场阴谋，他们引诱政府密探进入伦敦城逮捕一名记者，接着伦敦城的官员便以侵犯人身的罪名逮捕了这些密探，称他们在方里小地中没有管辖权。威斯敏斯特政府的回应则是将伦敦城的市长大人布拉斯·克罗斯比（Brass Crosby）关入伦敦塔。不久，一群暴徒拦住诺斯勋爵的马车并勒令其下车，抓过他的帽子并将其切成了碎片，又在之后将这些碎片当成纪念品贩卖。在首相忍受这般屈辱后，他们又摧毁了他的马车。

对此问题的抵抗一直持续到 1774 年威尔克斯成为市长大人。同年，议会终于同意让报纸刊登各项议事进程。

左图：这幅刊登在同期《牛津杂志》（Oxford Magazine）上的画作，描绘了市长大人克罗斯比和市政官奥利弗（Oliver）被囚禁在伦敦塔时的情形。

圣乔治菲尔德大屠杀

约翰·威尔克斯既是议员也是记者，曾在自己创办的报纸《北不列颠人》（*The North Briton*）上批评乔治三世与他的大臣们。他在受到"煽动性诽谤"指控但被释放后，将接下来的 15 年时间都投入到议会改革运动中。"威尔克斯与自由"也逐渐成为一个著名的口号。他被多次逐出议会，但总是能重新获选。此外，他还是公认的激进分子与因发表淫秽诗歌而声名狼藉的浪荡子。

1768 年，威尔克斯再度入狱，这一次他在萨瑟克的王座法庭监狱里度过了 22 个月。在前往监狱的路上，他的支持者逼停马车，带他去酒馆痛饮了一番，之后威尔克斯悄悄溜走，继续前往监狱。接着，上千人包围了圣乔治菲尔德（St. George's Field），他们要求释放威尔克斯，还威胁说要摧毁监狱，尽管威尔克斯从窗户处呼吁大家保持克制。人群高喊"不获人权，不护国王"时，军队赶到并向他们开了火，导致 7 人死亡（包括一名并未参与其中的年轻人）、15 人受伤。国王乔治三世担心革命爆发，威胁退位。直到威尔克斯接受判决，这场危机才得以解除。

在监狱里，威尔克斯与波士顿的"自由之子"（Sons of Liberty）[①]相互通信，他谈论起那场"可怕的大屠杀"，暗示是政府策划了该行动。他在服刑期间当选了伦敦城的市政官，1774 年出任市长大人，并再次成为议员。那时，"约翰·威尔克斯俱乐部"已在英国和美洲成立，以纪念他对自由的倡导。他宣称，自由属于每一个人，包括"所有最为需要保护的中底层人民"。

沃斯利夫人的 27 个情人

理查德·沃斯利爵士（Sir Richard Worsley）与妻子西摩（Seymour）的离婚诉讼震惊了乔治王朝时期的伦敦社会。两人在 1775 年结婚，24 岁的理查德是从男爵[②]与议会议员，16 岁的西摩则是从男爵约翰·弗莱明爵士（Sir John Fleming）的女儿。这对夫妻成为城市里享乐主义的一分子。1776 年，他们有了一个儿子，但

[①]　"自由之子"是美国独立战争中一个激进民主主义组织，曾在 1773 年 12 月 16 日策划了波士顿倾茶事件。

[②]　"从男爵"（baronet）的地位在男爵之下、骑士之上，最先由詹姆斯一世于 1611 年设立，是英国特有的爵位。

想要离婚的沃斯利夫人在与他们的共同好友乔治·比塞特上尉（Captain George Bisset）生下一女后，与比塞特私奔了。这对情人在伦敦蓓尔美尔街（Pall Mall）的皇家酒店（Royal Hotel）待了五天，被那里的一个女佣认出。

沃斯利拒绝与妻子离婚，反而以"私通"的罪名起诉了比塞特，要求对方赔偿 2 万英镑。他决心要证明比塞特的"非法性行为"损害了自己的财产，也就是他的妻子。沃斯利夫人担心这场诉讼会让她的情人破产，于是向闻风而来的媒体与公众曝光了她在婚姻中的下流细节和婚外诸多通奸行为，以便在法庭上证明自己不值 2 万英镑。她的辩护律师说沃斯利夫人在比塞特之前就已经被"损害"，而她的丈夫也鼓励了这些行为。她带来五个情人作证，他们声称理查德爵士鼓励妻子私通，甚至通过锁眼监视他们"行事"。记者等人统计后发现，沃斯利夫人至少有过 27 个情人。对丈夫最不利的证人是公共澡堂的一个女佣，她回忆说理查德爵士让比塞特坐在自己肩膀上偷看他的妻子脱衣。

法官认定，沃斯利让妻子从事妓女行业已有三至四年，陪审团判给他 1 先令的损失费。这对没能离婚的夫妻最后分居两地，沃斯利夫人先是搬去法国，后又在 1797 年返回伦敦。1805 年理查德去世后，沃斯利夫人继承了丈夫的财产，嫁给了一个比她年轻 21 岁的男子，终于拥有了一段幸福的婚姻。二人搬去巴黎郊区，她于 1818 年在那里去世。

左图：约书亚·雷诺兹（Joshua Reynolds）创作的沃斯利夫人全身像油画悬挂在约克郡的海伍德庄园（Harewood House）中，紧挨着同样由他绘制的沃斯利爵士全身像。两幅作品诞生于庄园在建时那段还算美好的时光。

戈登骚乱

1778 年，天主教徒的生活似乎开始好转。议会通过《天主教解放法案》（*Catholic Relief Act*）①，废止了当时剥夺天主教徒公民权利的反天主教严苛法律。然而，乔治·戈登勋爵（Lord George Gordon）在两年后推动了解放法案的废除与压迫性法律的恢复。1780 年 6 月 2 日，他带领着大约 6 万名新教支持者来到下议院递交请愿，称新法案威胁到了英格兰教会。此举也在城市之中引发了为期 8 天的骚乱，天主教徒在街头、家中与教堂遭到反对者的袭击，大约 280 人因此丧生，民众的生命、财产遭受了巨大损失。

骚乱者的怒火转向了其他危害到工人阶级的问题，比如高额赋税与严苛法律，于是他们向英格兰银行和监狱发起了进攻。纽盖特监狱被视作重点目标，数千名骚乱者手持棍棒和铁锹席卷监狱，解救了"他们忠实的战友"。乔治三世发布公告镇压骚乱，军队被派往这些混乱地区，秩序才终于得到恢复。

在纽盖特监狱被逮捕的骚乱者中，约翰·格洛弗（John Glover）和本杰明·波西（Benjamin Bowsey）分别被形容为"黑人"和"黑白混血"。他们均被判处死刑，但二人在同意前往非洲海岸服役后，于 1781 年 4 月 30 日与其他骚乱者一同得到赦免。涉嫌叛国的乔治·戈登勋爵也被宣告无罪并获得释放。大约 20 名骚乱者（包括几名女性）被绞死。1786 年，戈登皈依犹太教。他在 1788 年因诽谤法国王后、大使和英格兰的司法制度被关入纽盖特监狱，1793 年死于狱中。

查尔斯·狄更斯（Charles Dickens）完成于 1841 年的小说《巴纳比·拉奇》（*Barnaby Rudge*）就将背景设定在了戈登骚乱时期。

面包暴乱

1795 年，小麦歉收加上欧洲战事影响了粮食进口，面包价格升高，几乎在英国引发了一场饥荒。新闻报刊和当权机构主张贫民食用土豆、做大米布丁，但遭到了人们的抵制。饥饿在工人阶级中蔓延，令他们在全国各地发起了暴动。伦敦一伙

---

①　1829 年，议会再次通过《天主教解放法案》。

上图：戈登骚乱中，叛乱分子们袭击了天主教的教堂和教徒的房屋，某座酿酒厂与英格兰银行也是众多目标之一。在此期间，国王乔治三世下令，让所有"心地善良"的人不要外出。

暴动者在唐宁街 10 号（10 Downing Street）游行，他们砸碎了首相小威廉·皮特（William Pitt the Younger）居所的窗户，高喊着"不要战争，不要饥饿，不要皮特，不要国王"。10 月 29 日，国王乔治三世前去开启

"饥饿在工人阶级中蔓延，令他们在全国各地发起了暴动。"

议会的路上，一群人在圣詹姆斯公园（St. James's Park）喊道："拿来面包！打倒乔治！"他们用石头砸中乔治的马车，打碎了一扇窗户。乔治没有受伤，但在他离开马车后，暴动者发起了进攻，几乎将马车摧毁。两周之后，皮特通过了两项法案：一是禁止举办超过 50 人的集会；二是对制止非法集会的治安法官进行反抗的任何人都判处死刑。这场饥荒在 1796 年春天得以缓解。人们种植了更多小麦，政府组织了谷物销售活动，来自欧洲大陆的进口量也有了提升。

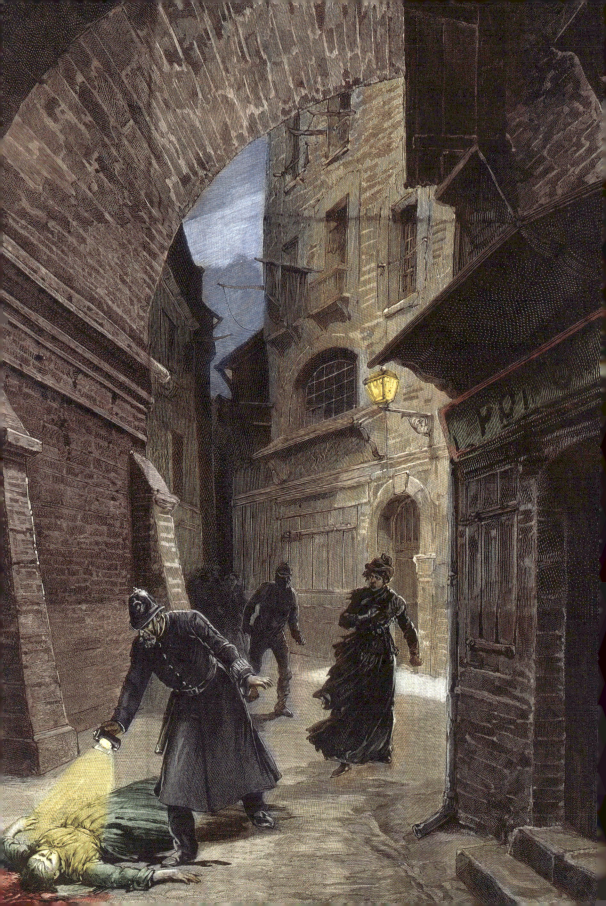

6

19世纪

维多利亚时代，城市人口迅速增长，但这对于许多人来说都只意味着人满为患、贫困穷苦与健康状况不佳。随着社会标准的降低，酗酒、抢劫、为娼与其他暴力犯罪也接踵而至。

对页图：伦敦的街头永无宁日，但一个大胆的连环杀手结合新兴的大众媒体，在居民之间散播恐惧，令他们不敢在夜晚走出家门。警察从未将"开膛手杰克"抓捕归案。

维多利亚女王的长期统治见证了许多辉煌的成就。这些成就得到新兴纸媒的广泛报道，但城市街头的可怕谋杀也会出现在报纸头条中，如最出名的"开膛手杰克"的恐怖故事，就在伦敦市民之间散播了恐惧。

受挫的刺杀

19 世纪中，最为轰动的一场审判针对的是密谋刺杀国王乔治三世、推翻政府的案件，而该案件的策划者是出生于爱尔兰的英国军官殖民地行政官员爱德华·马库斯·德斯帕德（Edward Marcus Despard）。被法庭宣布有罪的他也成为英国历史上最后一个被判处拖行、绞刑与分尸的人。

德斯帕德上校曾经服役于牙买加，1781 年他被派去中美洲，成为英国驻莫斯基托海岸（Mosquito Coast）、洪都拉斯湾（Gulf of Honduras）与伯利兹（Belize）总督。他在赋予了有色人种与白人同等的投票权和财产权后，被卷入了当地的移民纠纷，也因此在 1790 年遭到当地投诉后被召回。1798 年至 1800 年，德斯帕德被关押入狱，原因不明，但可能是因为他支持了爱尔兰起义（Irish Rebellion）①。

在此之后，德斯帕德试图组建一支义军在伦敦发动起义，刺杀国王乔治三世并占领伦敦塔和英格兰银行。最后这场密谋被泄露，德斯帕德也因此入狱并

右图：爱德华·马库斯·德斯帕德因企图刺杀国王而被判处绞刑，此前他就因为支持中美洲的少数族裔而失去了政府的信任。伦敦市民在他与黑人妻子凯瑟琳和他们的儿子返回时都大为震惊。

---

① 1798 年 5 月，爱尔兰人民受美国与法国革命的影响，在爱尔兰人联合会（Society of United Irishmen）的领导下发动起义，但由于缺乏统一的计划和指挥，起义遭到英军的残酷镇压。这是爱尔兰人民三次大规模起义中的第二场。

接受审判。尽管曾与他并肩作战的霍雷肖·纳尔逊勋爵（Lord Horatio Nelson）为他作证，称他是"英国陆军最为耀眼的人物之一"，但德斯帕德依然被宣布犯下叛国罪。

1803 年 2 月 21 日，德斯帕德与另外六人接受处决。残忍无情的拖行、绞刑与分尸已经被减刑为绞死后斩首。马车没有将因犯拖去某个遥远的刑场，而是绕着将要执行处决的萨里郡监狱（Surrey County Gaol）转圈。德斯帕德对这滑稽、浮夸的场面嘲笑道："哈哈！这是什么荒谬的哑剧吗？"临死前，他向着大约两万人演讲道："我祝愿你们身体健康、快乐自由。这些都是我曾力所能及地为你们、也为全人类所追求的事物。"

拉特克利夫公路谋杀案

"开膛手杰克"之前，19 世纪最令伦敦人民恐慌的犯罪案件发生在伦敦东区码头附近的拉特克利夫公路（Ratcliff Highway）。1811 年 12 月 7 日午夜时分，亚麻布商人蒂莫西·马尔（Timothy Marr）正与店员熬夜工作。马尔派他的女仆外出跑一趟小差事，但女仆回来后却发现，马尔及其妻子西莉亚（Celia）、店员詹姆斯·高恩（James Gowen）和家里的宝宝小蒂莫西（Timothy Jr.）全部遭到了谋杀。婴儿的喉咙被割开，其他人则被重器猛击。现场留下的凶器是一把血迹斑斑的木工大槌（两端都有榔头），但没有东西被盗。案件的调查结果扑朔迷离。在巡夜人与治安法官的参与下，泰晤士河警队（Thames River Police）逮捕了数十名无辜之人。他们没有找到任何致使这样一个普通和睦的家庭与他们的雇员被害的仇人或作案动机。

大约 12 天后，凶手在距离拉特克利夫公路仅两分钟步程的"国王武装"（King's Arms）酒吧再次作案，将酒吧老板约翰·威廉姆森（John Williamson）、妻子伊丽莎白和女仆安娜用重器猛击、利器砍劈至死。年轻的房客约翰·特纳（John Turner）穿着睡衣沿着打结连起的床单爬出窗户，大喊："杀人了！杀人了！"但凶手留下撬棍逃跑了。老板家 14 岁的孙女则躺在床上幸免于难。

恐慌席卷了整个街区，直到三天后一个名叫约翰·威廉姆斯（John Williams）的水手被逮捕。作案凶器取自梨树旅馆（Pear Tree Inn）地下室里的一个箱子，而威廉姆斯正是这家旅馆的房客。他的洗衣工也证实，自己注意到威廉姆斯的衣领上

> "婴儿的喉咙被割开，其他人则被重器猛击。"

有血迹。然而，在威廉姆斯受到起诉前，他就在牢房里用自己的围巾上吊自杀了。法庭以此为证据，宣判威廉姆斯有罪。一大群人带着他的尸体在拉特克利夫公路上游行，将尸体推进十字路口一个狭小的洞穴，再用木桩插进了他的心脏。

然而，有的调查人员认为证据并不充分，真凶依然在逃。在 1971 年出版的《大槌与梨树》（*The Maul and the Pear Tree*）中，著名的推理小说作家 P. D. 詹姆斯（P. D. James）与警察历史学家 T. A. 克里奇利（T. A. Critchley）认为，威廉姆斯并非单独作案，可能是在监狱中被谋杀的。

上图：一张提供 50 英镑捉拿马尔一家四人命案凶手的悬赏海报。警官查尔斯·霍顿（Charles Horton）因发现了相关证据得到 10 英镑的奖励，但从未有人找到定罪约翰·威廉姆斯的铁证。

债务人监狱

19 世纪，每年约有一万人因欠债入狱。债务人会被无期限地关押，直到还清欠款。在维多利亚时代，欠债通常被认为是道德败坏的犯罪行为，而法官对工人阶级的债务人会更加苛刻，认为他们是在有意拖欠；更高的社会阶层则是想要偿还，却被更大的债务所阻挡。商人可以通过宣布破产的方式避免坐牢。

在债务人监狱，如伦敦旧城的佛里特，囚犯们更像是生活在一个社区，拥有自己的委员会管理他们的日常生活。更加宽裕的债务人会被安置在监狱长那一边，贫民们则在普通的一边过着条件恶劣的悲惨生活。

1824 年，查尔斯·狄更斯的父亲约翰因为在一家面包店赊账 40 英镑，与家人一同被关押在萨瑟克的马歇尔希监狱。年仅 12 岁的查尔斯不得不从学校退学，在工厂替人擦鞋以养家糊口，因为入狱的债务人也需要为餐食和牢房付钱，常常使得负债不断加重。一些人在狱中度过数十年，另一些人则靠着有钱的朋友过着体面的生活，甚至还能花钱到监狱外享受享受。查尔斯·狄更斯成为监狱改革的忠实拥护者，其家庭经历也让他在 1855 年至 1857 年连载的小说《小杜丽》（*Little Dorrit*）中对马歇尔希监狱进行了可怕的描述。

　　议会在 1869 年通过《债务人法案》（*Debtors Act*）废除了监禁惩罚，但那些有钱却欠债不还的人仍然可能被关进监狱。1883 年的《破产法案》（*Bankrupt Act*）则为非商人提供了破产这一选择，但这两份法案都只是略微缓解了债务人的压力。20 世纪之初，一年依旧有 11427 人因此入狱，这个数字甚至超过了 1869 年。

THE FLEET PRISON.

左图：佛里特监狱得名于旁边流经的佛里特河。这座监狱在 1666 年的大火灾中被烧毁，后来得到重建，又在 1780 年的戈登骚乱中被摧毁，后重建，最后在 1844 年关闭。

处决十二岁的罪犯

维多利亚时代的司法制度常常把小孩当成大人来惩罚。1829 年 11 月，名叫 T. 金（T. King）的十二岁男孩在中央刑事法庭接受审判并被判处死刑。他和父母一起居住在东史密斯菲尔德，他们有着"最卑劣的人格"，他的父母鼓励儿子说谎、偷窃。七岁时，男孩在一名烟囱清洁工手下当学徒，但因为在他们做工的房子里行窃而被清洁工辞退。他被关押入狱，直到清洁工寻回了被盗的物品，为男孩求得赦免，让他免遭放逐。男孩的父母接着又让他加入一个窃贼团伙，这群人将他放进一家珠宝店的烟囱，这样他就能把贵重物品从一扇窗户里递出。警察前来逮捕了男孩，其他人则逃之夭夭。被判死刑后，男孩承认自己还曾参与其他抢劫，甚至是谋杀。

1829 年 11 月 17 日，一家报纸在报道此案时评论道："我们希望这个悲惨少年的可怕例子能向整个世界给予长久的警告。"但没有消息提到男孩的父母受到了怎样的处置。

卡托街阴谋案

工业化为英国的工人阶级带来了新的压力，军人们在拿破仑战争（Napoleonic Wars）①结束后都返回英国寻找工作。城市化发展也导致了不满与动荡，最终引发暴乱。1816 年，伦敦一个名叫亚瑟·西斯尔伍德（Arthur Thistlewood）的激进分子参与了一场未遂的起义，他们试图攻占英格兰银行和伦敦塔。西斯尔伍德最后被无罪释放，却又在 1818 年因为向镇压激进派运动的领袖，也就是前首相怀康特·西德茅斯（Viscount Sidmouth）发出决斗挑战而再次入狱。

1820 年，西斯尔伍德在埃奇韦尔路（Edgware Road）卡托街（Cato Street）一间马棚的阁楼中召集了小团体。这一次，他们密谋前往哈罗比伯爵（Earl of

---

① 1803 年 5 月 13 日，英国向拿破仑独裁统治下的法兰西共和国宣战。1815 年，拿破仑在比利时的滑铁卢败北，各交战国签订《巴黎和约》，拿破仑战争就此结束。

上图：五名卡托街阴谋者成为英格兰最后几名接受斧头斩首的罪犯。在此之前，他们已在纽盖特监狱被绞死。西斯尔伍德和因格斯之外的其他三人分别是威廉·戴维森（William Davidson）、理查德·蒂德（Richard Tidd）和约翰·布伦特（John Brunt）。

上图：亚瑟·西斯尔伍德是林肯郡一名农民的儿子，在拜访美国与法国时被他们的革命所震撼，这也促使他试图为了民主而推翻英国政府。

Harrowby）位于格罗夫纳广场（Grosvenor Square）的家中用餐时刺杀所有的内阁成员。然而，这顿晚宴是乔治·爱德华兹（George Edwards）警探设下的圈套。当局突袭了卡托街的马棚，西斯尔伍德在杀死一名警察后，手持长剑逃走，但第二天就被抓获。遭到逮捕的一名密谋者詹姆斯·因格斯（James Ings）描述了他们的计划是突袭晚宴，杀死所有内阁成员，并将卡斯尔雷勋爵（Lord Castlereagh）与西德茅斯两位议员的头颅插在威斯敏斯特大桥的尖桩上。

　　审判中，五名共谋者遭到放逐，西斯尔伍德（同时也受到谋杀指控）则与另外四人犯下叛国罪，被判处绞刑后斩首。5月1日，纽盖特监狱外的绞刑架上，因格斯开始高唱"不自由，毋宁死"。西斯尔伍德抱怨着他的歌声："因格斯，安静点！我们死亡时不需要这些噪声。"

图为亚瑟·西斯尔伍德在卡托街的马棚中刺杀警官理查德·史密瑟斯的暴力瞬间，这幅场景来自另一名警官乔治·鲁斯文（George Ruthven）的描述。史密瑟斯在死前喘息道："天啊，我……"

布莱顿阁

　　富丽堂皇的布莱顿阁（Brighton Pavilion）最能体现国王乔治四世（George IV）的奢靡无度。1815 年，乔治委托建筑师约翰·纳什（John Nash）将自己舒适的海洋宫（Marine Pavilion）宅邸改造成一座豪华的欢乐殿堂。这座新古典主义建筑花费了 50 万英镑、耗时 7 年，又被称作布莱顿的泰姬陵（Taj Mahal）。它将塔楼、穹顶和尖塔结合成浪漫主义的印度 - 撒拉逊（Indo-Saracenic）风格，内部则采用了中国艺术风格的富丽装潢。整个工程还包括马厩和花园，于 1823 年完工。

　　并非所有人都对此感到震撼。同时代的作家、英国政治家约翰·威尔逊·克罗克（John Wilson Croker）发表意见道："我认为，这座建筑是在荒谬地浪费金钱，半个世纪后就将化作废墟。"而如今，这座建筑被称作英皇阁（Royal Pavilion）依然保留着它的雄伟壮丽，一年接待约 20 万游客。

右图：这座官方名为"英皇阁"的建筑坐落于英吉利海峡上著名度假小镇布莱顿的中心。

无拘束的国王

　　乔治四世在 1820 年继位国王，但他自 1811 年起便开始以摄政王的身份治理国家，承担着精神失常的父亲乔治三世的责任。他的无拘无束、奢侈挥霍很快让自己陷入麻烦，包括他在 1785 年与有过两段婚姻、身为天主教徒的寡妇玛利亚·菲茨赫伯特（Maria Fitzherbert）秘密成婚，而这场非法婚姻并没有征得他父亲的同意。1795 年，乔治四世与议会达成交易：如果政府帮助他偿还债务，他就同意与表亲布伦瑞克的卡罗琳公主（Princess Caroline of Brunswick）结婚。乔治并不喜欢他的妻子，也不让她参加自己的加冕仪式，这样她便无法成为王后。后来，乔治还试图离婚，但没有成功。

战时的军费开支已让臣民陷入贫穷，而乔治的奢侈生活和伤风败俗（包括随时都有情人伺候）则令政府十分窘迫。威灵顿公爵（Duke of Wellington）在 1815 年于滑铁卢击败拿破仑后，还是摄政王的乔治便尤为享受那些壮观而奢华的庆祝活动。他也开创了摄政风格的建筑，还喜欢各种异想天开的工程，如在海滨度假胜地上建造绚丽夺目的布莱顿阁。

即便如此，乔治聪颖精明、魅力超凡，是艺术的热忱支持者与出色的幽默家。威灵顿公爵称他是"才华、机智、滑稽、顽固与期望的超凡结合，简而言之，集各种截然不同的品质于一身，而优点占据其中的大多数——这样的人我一生只见过一位"。

乔治在温莎城堡的清静之中度过晚年。因为他的女儿夏洛特公主（1796 年出生）在 1817 年因难产而死，所以 1830 年乔治去世后，他的弟弟继位为威廉四世。

议会的燃烧

1834 年 10 月 16 日的晚上，上、下两议院均在威斯敏斯特宫的烈火之中被摧毁。唯一被保留下来的主体部分是威斯敏斯特大厅（Westminster Hall），这还要归功于消防员和志愿队的不懈努力与午夜时分风向的改变。大火期间，士兵拦住了成千上万的围观者。艺术家 J. M. W. 特纳（J. M. W. Turner）当时也在现场，他创作了两幅与这场大火有关的油画和九幅水彩画。

工人们在地下室的两个火炉中烧完两车记数用的木棍后，悲剧发生了。他们在早晨做完工作，中午时有管家注意到来自地板下面的热气和烟雾，但发现只是一个正在焖烧的烟囱。火炉在下午五点被扑灭，一个小时后却又复燃。很快，火焰在大楼上方爆发，伴随着巨大的火球，点亮了伦敦的天空。首相威廉·兰柏（William Lamb）称之为"有史以来最愚蠢的一个例子"。据估计，大火造成了 200 万英镑的损失。事故中无人伤亡、也无人被起诉，但一项调查判定了火灾相关的一些人玩忽职守。

政府另寻临时的办公地点，直到威斯敏斯特

"大火期间，士兵拦住了成千上万的围观者。"

上图：在泰晤士河南岸一条租来的小船上，艺术家 J. M. W. 特纳完成了这幅大火吞噬议会大厦的著名画作。他通宵达旦地创作了两幅油画和九幅水彩画。

宫（自 1840 年开始重建）在 1860 年开放。新的议会大楼由建筑家查尔斯·巴里（Charles Barry）和设计师 A. W. N. 皮金（A.W. N. Pugin）设计，后者同时也是大本钟（Big Ben）钟楼的设计者。

斯温尼·陶德的传说

斯温尼·陶德（Sweeney Todd）的真名叫本杰明·贝克（Benjamin Barker），1846 年在《一串珍珠：浪漫史》（*The String of Pearls: A Romance*）中首次在读者面前亮相，这是当时十分流行、引起轰动的一本"廉价恐怖小说"——每周出一期、每期 1 便士的虚构作品。许多伦敦人都相信，这个故事（即一名理发师谋杀他的顾客，再将他们的肉交给邻居的馅饼店）有着真实事件作为基础。尽管没有找到任何这样的犯罪记录，但这个传说经久不衰。

"他通过一根管道将尸体搬到洛维特太太的馅饼店，死者的肉会在这里被烤成馅饼。"

在这个包含 18 篇关于理发师陶德的系列故事中，陶德的理发店位于佛里特街 186 号。顾客就座后，陶德便拉动一根操纵杆把他们翻倒，经过活板

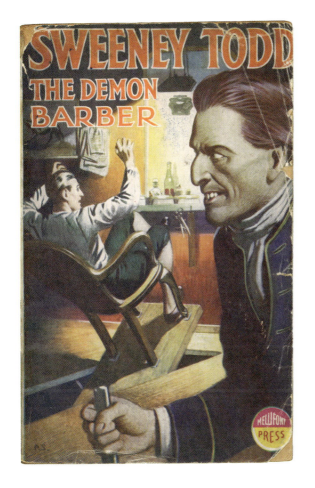

门掉进地下室。如果顾客没有摔死，陶德就会赶下去用刮胡刀割开他们的喉咙。然后，他通过一根管道将尸体搬到洛维特太太（Mrs. Lovett）的馅饼店，死者的肉会在这里被烤成馅饼卖给她的顾客。

陶德的故事常常被重新讲述，包括 1973 年的一部戏剧、1979 年的一部音乐剧和 2007 年的一部电影。

左图：最初 18 篇关于理发师陶德的系列故事主要由"廉价恐怖小说"的高产作家詹姆斯·莱默（James Rymer）与托马斯·佩克特（Thomas Preckett）完成，到了后来也有其他人参与创作。该系列故事一经发表便大受欢迎，很快就扩展至一本书的体量。

死亡搭车来

伦敦的人口在 19 世纪上半叶翻了一番，城里的墓位也越来越少。1854 年 11 月 13 日，伦敦铁路开通了一条无人愿意乘坐的线路。伦敦墓地公司（London Necropolis Company，LNC）开始用该线路从滑铁卢站将尸体和送葬者运往公司在萨里郡布鲁克伍德（Brookwood）新建的、位于伦敦西南方向 40 千米的布鲁克伍德公墓。公墓开放当年，占地 8 平方千米，成为世界上面积最大的墓地。每天多达 60 尊棺材由这列火车运来，有三种级别的葬礼可供选择。

　　1941 年 4 月，最后一班"墓地列车"在伦敦终点站遭德国战机轰炸后停运，但专列继续在这条线路上行驶到 1945 年以后。如今，布鲁克伍德公墓仍是英国最大的墓地，其拥有将近 23.5 万座坟墓。

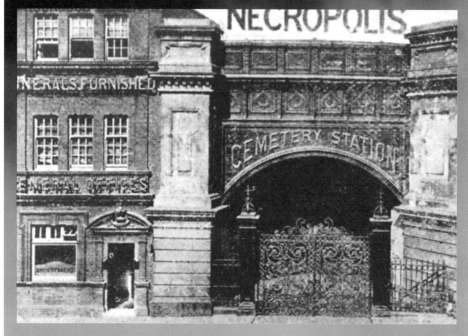

上图：墓地公司在伦敦的私人车站原本位于滑铁卢站之外。1902 年，该公司一座更大的建筑取代了这座车站。

罗宾逊太太的日记

　　人们认为，妻子在日记中详细记载的婚外情史足以作为离婚诉讼的证据，但伊莎贝拉·汉密尔顿·罗宾逊（Isabella Hamilton Robinson）以智战胜了丈夫和法官，保住了婚姻。

　　这对夫妻在 1844 年结婚，彼时的伊莎贝拉是带着一个孩子的富裕寡妇，亨利·罗宾逊（Henry Robinson）则是一名土木工程师。1858
年，亨利发现了那本记录妻子出轨的日记，二人当时正居住
在法国，而伊莎贝拉因白喉病卧床不起。她的日记描述了自
己与医生爱德华·莱恩（Edward Lane）狂热的婚外恋情。

> "她有慕男狂、妄
> 想症与某种'子宫
> 疾病'。"

尽管亨利也曾与一个情人有过两个孩子，但读到这些揭露了诸如伊莎贝拉"满是激
情刺激、缠绵长吻与紧张不安"之夜的日记令他怒不可遏。亨利夺走了他们两个孩
子的监护权，又将伊莎贝拉赶出家门，打算结束二人 14 年的婚姻。

　　1858 年，该案在威斯敏斯特大厅刚刚成立的离婚及婚姻案件法庭（Court of
Divorce and Matrimonial Causes）开庭，这是新法律允许出轨者配偶提出离婚后
的第 11 起诉讼。在此之前，离婚需要议会的法案，费用高昂。罗宾逊夫妇离婚案
成为骇人听闻的丑闻，也满足了伦敦的报刊媒体。伊莎贝拉以精神错乱为辩护理
由，声称自己从 1849 年就开始撰写虚构的日记。她的律师说她有慕男狂、妄想症
与某种"子宫疾病"，因此导致了情感欲望和"最不切实际的性幻想"。医生一方则
声称自己从未"搂过她的腰或是拥抱、诱惑、爱抚她"。

　　她的证言挽救了婚姻与她幻想（或真实）的情人莱恩医生的声誉。两人曾在医
生的水疗庄园中与他的父母和病人共度了一段时光。伊莎贝拉的丈夫选择将家丑公
之于众，最终却没能获许离婚。然而，伊莎贝拉后来又被抓到与做她孩子家教的年
轻法国男人私通，这对夫妇最终在 1864 年离婚。

伪造出轨

　　在维多利亚时代，双方都想结束婚姻的夫妇面临着这样一个问题：法律不
许仅仅因为感情生疏或存在难以和解的矛盾就申请离婚。而万无一失的办法就
是出轨，或者在某些离婚案件中以出轨为借口。法官们很难阻止利用虚假的出
轨借口毁掉一段婚姻。如果配偶中的一方愿意承担当众出丑的风险，一个排演
好的出轨场面就会被拍摄下来作为证据。通常情况下，丈夫会聘请一名女子做
他的情人，两人躺在床上时，手持相机的妻子便突然闯入。有些案件里的男方
甚至衣冠整齐、头戴礼帽。

大恶臭

1858 年，伦敦已是世界上最大的城市，拥有大约 230 万人口。这年炎热的 7月、8 月，城市里空气恶臭的老毛病变得令人难以忍受。"大恶臭"产生的主要原因是抽水马桶进入了条件较好的市民家中，因此原本用于收集雨水的下水道，如今将原污水混杂着工业废水一同排放进泰晤士河。然后，供水公司回收利用受到污染的废水，使恶臭气味更甚，还带来了发生霍乱的风险。在史上最热的 1858 年酷暑，河岸的有毒废弃物在太阳的暴晒下开始发酵、蒸烤。臭味越发严重，当局用氯化物和石灰粉浸湿新建下议院的窗帘来阻隔臭味。绝望的议员们时常用手帕捂住鼻子，他们在 18 天内迅速通过一项法案，资助 19 世纪最伟大的工程项目。一个长达 133千米的巨型新式排水系统在河流两岸建起，将污水阻拦并引流至伦敦东边的泵站，接着在退潮时将其排入大海。排水系统的一期工程在 1865 年投入使用。河流两岸也修起路堤以减缓水流速度。结果，城市的死亡率急剧下降，而霍乱（曾暴发于1832 年、1848—1849 年、1854 年和 1866 年）与其他疾病的流行也最终得到遏制。

右图：伦敦的新式排水系统在 1865 年投入使用，由伦敦市政工程委员会（Metropolitan Board of Works）总工程师约瑟夫·巴瑟杰特（Joseph Bazalgette）设计。他设计的河堤也在 1870 年投入使用，通过填河造地建起了花园与道路。

1873 大骗局

19 世纪，在英国涉案金额最高、行动最为大胆的抢劫案，是由奥斯丁·比德韦尔（Austin Bidwell）与乔治·比德韦尔（George Bidwell）兄弟俩带领的美国帮派在 1873 年 3 月骗取了英格兰银行 10 万英镑（相当于今天的 1000 万英镑）。这一"壮举"与随后对他们的审判轰动了全世界。

在美国犯下一系列诈骗罪行后，兄弟二人于 1872 年将犯罪活动转移到了伦敦。奥斯丁用伪造的推荐信和信用状作证，假扮成富有的美国铁路员工弗雷德里克·沃伦（Frederick Warren）。他在梅菲尔（Mayfair）布林顿花园（Burlington Gardens）的英格兰银行分部开通了一个大额账户。另外两名美国造假者——爱德温·诺伊斯（Edwin Noyes）与哈佛出身的乔治·麦克唐纳（George McDonnell）——加入兄弟俩的队伍，为他们制作了以假乱真的本票。他们将本票兑现，又通过伦敦另一家银行洗钱。在总共取出 10 万英镑后，他们又把钱款兑换成了美国国债。伪造的本票需要两个月的处理时间。然而，诺伊斯在 2 月 28 日去一家银行兑换本票时犯下了致命性错误。银行职员发现两张票据没有日期，于是联系了他们署上名字的人，得

上图：奥斯丁·比德韦尔、乔治·比德韦尔、乔治·麦克唐纳和爱德温·诺伊斯这四名美国造假者的审判在中央刑事法庭进行。期间，比德韦尔家的另一个兄弟约翰试图贿赂看守帮助他们逃跑。

"伪造是极其可怜、不幸、悲惨和卑劣的艺术，（但）无论如何也是一种艺术。"

到回复称这些票据是伪造的。诺伊斯在回到银行时被逮捕，该帮派也遭到芝加哥著名的平克顿侦探事务所（Pinkerton Detective Agency）的追捕，逃亡于世界各地。麦克唐纳在纽约被捕，乔治·比德韦尔在爱丁堡被捕，奥斯丁·比德韦尔则在哈瓦那被威廉·平克顿（William Pinkerton）逮捕。

1873 年 8 月，他们在伦敦接受了持续了 8 天的审判，法官听取了 90 位证人的证词，首席大法官称之为"英格兰史上最引人注目的一场审判"。麦克唐纳依然对自己的技艺十分自豪，他说："伪造是极其可怜、不幸、悲惨和卑劣的艺术，（但）无论如何也是一种艺术。"陪审团只用了 15 分钟就宣布他们有罪，四人接着被判处终身监禁。乔治·比德韦尔在被监禁将近 15 年后因为健康状况不佳提前出狱，其他人则在 20 年后被释放。

监狱船

维多利亚时代的监狱人满为患，于是诞生了被称为"废船"（hulks）的海上监

上图：监狱船曾一直是泰晤士河的独特景象。囚犯可以获许有监督的释放，外出工作；相比于能够与家人朋友见面的伦敦犯人，那些来自乡村地区的囚徒会备感沮丧。

狱船。这些老旧生锈的轮船可以从东印度码头（East India Docks）望见，与那些轻巧的快艇形成了强烈对比。有的囚犯可能要在这样一艘监狱船上服刑长达 20 年的时间，成日在船上或码头做苦力活；其他人则被送去等待监狱船将他们流放至澳大利亚。船上糟糕的环境会传播伤寒、霍乱之类的疾病，危害囚犯的健康，甚至导致许多囚犯死亡。

一艘名为"成功号"（Success）的监狱船拥有 68 间牢房和一个"虎穴"，也就是用栏杆围起的"散放区"，那里将最危险的囚犯关押在一起。其他人则被铁链锁在自己的囚室，只能够到牢门前的食物（通常是面包和水）。最惨的囚犯在行走时要拖着重达 36 千克的铁链。担负这个重量的人无法登上楼梯，因此只能用笼子吊起来呼吸新鲜空气。

"天使制造者"

1896 年，艾米莉亚·戴尔（Amelia Dyer）在伦敦中央刑事法庭附近的纽盖特监狱接受了绞刑。她是英国作案次数最多的连环杀手，需为大约 400 名婴儿的死亡负责。

19 世纪 60 年代末，艾米莉亚开启了她的犯罪生涯，她在布里斯托尔收留单亲

妈妈并照看她们的小孩。她会应她们的要求闷死婴儿，或者将其饿死。这些逐渐发展成"寄养服务"，她在饿死婴儿前还会给他们下药。1879 年，艾米莉亚因为照顾婴儿不周入狱六个月。获得释放后，她想出一个更加有利可图的计划，搬去雷丁提供收养服务。收到家长的费用后，艾米莉亚就会杀死他们的小孩。

左图：在审判上，艾米莉亚·戴尔的犯罪细节震惊了整个英国，也让人们意识到 1895 年（即艾米莉亚接受处决前一年）特许成立的英国防止虐待儿童协会（National Society for the Prevention of Cruelty to Children, NSPCC）的重要性。

> "审判表明，艾米莉
> 亚可能杀害了大约
> 400 名婴儿。"

1896 年，泰晤士河上发现了一具婴儿的尸体，艾米莉亚随后遭到逮捕，因为被用来裹住婴儿的包装纸上写着她的住址。在她家中，警察对腐肉的臭味感到阵阵恶心，他们发现了有关艾米莉亚"收养"业务的文件。在对河流进行深入搜查后，又有 50 多具婴儿的尸体被发现。她告诉警方，他们可以通过婴儿脖子上的布带来辨认哪些婴儿是被她杀死的。

审判表明，艾米莉亚可能杀害了大约 400 名婴儿。曾两次住进布里斯托尔精神病院的她试图用精神错乱的理由为自己辩护，但没能成功。媒体将艾米莉亚称为"天使制造者"，人们也写歌记述她的邪恶行径。公众的愤怒推动了更加严格的收养监管与儿童保护法的诞生。1896 年 6 月 10 日，58 岁的艾米莉亚接受绞刑时，当局记录道："考虑到她的体重和绳索的柔软质地，她的下落相当轻柔，也足够致命。"

绞脖恐慌

伦敦市民对街头的犯罪行为了然于心，但这种认识在 1862 年变成恐慌：他们相信有越来越多的强盗以"绞脖"（将人几乎勒死）的方式袭击受害者。这个说法很快发展为对街头所有行凶抢劫的认识。公众此前已在担心，放逐海外的刑罚被废止会使监狱人满为患，罪犯被提前释放。得到批准的囚犯便被称作"获许假释人"。人们在本该安全的伦敦西区（West End）受到袭击，有人身亡，恐慌也开始蔓延。7 月，一篇广为人知的报道描述了议员休·皮尔金顿（Hugh Pilkinton）步行从议会返回自己位于蓓尔美尔街的俱乐部时，是如何在灯火通明的街道上遭到抢劫的。同一天晚上，大英博物馆（British Museum）一名员工行走在圣詹姆斯区与邦德街（Bond Street）之间时，也被人勒住了脖子。同年冬天，这波恐慌达到顶峰，11 月里有 23 人在中央刑事法庭因绞脖行为被判有罪，获得四年到终身不等的监禁。1863 年 7 月，议会通过了《绞脖法案》（Garotting Act），对这类罪行处以鞭打的刑罚。

讽刺杂志《笨拙》（Punch）甚至打出一则广告，印上问题"你想避免被人绞脖吗"来宣传一种"反绞脖颈圈专利"。广告保证道，这种装备"能让绅士在白天黑夜都安全地行走在伦敦的街道上"。

[ADVERTISEMENT.]

DO YOU WISH TO AVOID BEING STRANGLED !!

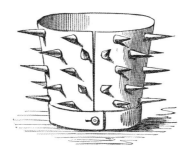

IF so, try our Patent Antigarotte Collar, which enables Gentlemen to walk the streets of London in perfect safety at all hours of the day or night.

THESE UNIQUE ARTICLES OF DRESS

Are made to measure, of the hardest steel, and are warranted to withstand the grip of

THE MOST MUSCULAR RUFFIAN IN THE METROPOLIS,

Who would get black in the face himself before he could make the slightest impression upon his intended victim. They are highly polished, and

Elegantly Studded with the Sharpest Spikes,

Thus combining a most *recherché* appearance with perfect protection from the murderous attacks which occur every day in the most frequented thoroughfares.   Price 7s. 6d, or six for 40s.

WHITE, CHOKER, AND Co.

EFFECT OF THE ANTIGAROTTE COLLAR ON A GARROTTEER.

左图:《笨拙》刊印铁制颈圈的广告来打趣伦敦市民对绞脖的恐惧。另一幅图画表示，颈圈可以配合膝盖、脚跟与手肘部位有尖刺保护的西服套装。

莫当特丑闻

查尔斯·莫当特爵士（Sir Charles Mordaunt），是从男爵与议会议员，与年轻的交际花哈莉特（Harriet）过着幸福的婚姻生活。然而，哈莉特却厌倦了在沃里克郡沃尔顿宫（Walton Hall）的生活，这里位于她丈夫在 1860 年花费 3 万英镑购买的 4000 英亩土地上。

1868 年夏天，查尔斯意外回到家中，发现自己的妻子正在展示她驱赶两匹白色小马驾驶马车的技术。但是，她的表演对象是威尔士亲王爱德华，也就是未来的爱德华七世，而他花花公子的名声早就传遍了伦敦及其他地方。查尔斯请王子离开后，让马夫将两匹小马带到温室下的草坪上。他唤出妻子，然后当着她的面射杀了它们。

1870 年，哈莉特生下一个盲眼孩子，起名为维奥莱特（Violet）。她告诉丈夫，这是由于自己的某种性病所致，还坦白称这个孩子并非他的，因为自己有过许多婚外情，包括与威尔士亲王私通。她的丈夫威胁要离婚，还将王子列为共同被告；哈莉特的父母则与她断绝了关系，说她已经精神失常。她被带走并藏在几座房屋中，由医生检查她的精神状况。哈莉特明显撒了谎，但接着似乎又真正陷入精神失常，她咀嚼地毯、生吃煤炭、打碎瓷器。医生因此认定她精神失常，而查尔斯则提起诉讼要求离婚。威尔士亲王出庭时否认与哈莉特有染，但她的另一个情人（很可能是在王子的要求或收买下）承认自己与哈莉特有染。26 岁的哈莉特从此被安置在一家精神病院内度过余生，她在 1906 年死去，时年 58 岁。

查尔斯再度结婚，他的盲眼孩子也恢复了视力，成为第五世巴斯女侯爵（Marchioness of Bath）。

迪尔克丑闻

查尔斯·温特沃斯·迪尔克爵士（Sir Charles Wentworth Dilke）是受人尊敬的政治家。人们都相信，他在不久之后就会领导自由党（Liberal Party）并接过格莱斯顿（Gladstone）的首相职位。可问题在于，迪尔克是个臭名昭著的"性捕食者"。1885 年，另一名议员唐纳德·克劳福德（Donald Crawford）在与妻子弗吉尼亚的离婚诉讼中，就将迪尔克列为共同被告。弗吉尼亚当时 22 岁，被迫与 47 岁的

上图：图中是查尔斯·迪尔克与他的妻子伊米莉亚（Emilia），二人在那场几乎摧毁了迪尔克政治生涯的离婚诉讼丑闻后结婚。他重回议会，花费多年搜寻证据，想要证明克劳福德太太在撒谎。

克劳福德结婚。她在案件由法庭受理之前就承认自己有通奸行为，因此被指控与迪尔克私通，但迪尔克却没有被定罪。最后，离婚申请得到了批准。克劳福德的辩护律师称迪尔克是"粗俗野蛮的奸夫，对野兽的贡献比对人类的贡献更大"，公众也始终认为迪尔克有罪，并开始摧毁他的政治生涯。

在决定于 1886 年 7 月重审此案的大约 11 天前，迪尔克输掉了改选。他相信自己能在审判上开脱罪责，然而他的证词顾左右而言他，弗吉尼亚则给出了具体的日期、地点，甚至是楼层的结构分布。她声称迪尔克一直以来还有很多情人，包括他的某个女佣。她还提到，迪尔克曾承认与她的母亲有染，说弗吉尼亚"与自己的母亲非常像"，而这就是他如此喜欢她的原因。尽管弗吉尼亚承认，自己也曾和姐姐在某家医院与一些医学生通奸、在某家妓院与亨利·福雷斯特上尉（Captain Henry Forester）通奸，但迪尔克依然是她的主要情人。

离婚得到了批准，迪尔克爬上权力顶端的前途也就此断送。历史学家一般都认为，迪尔克可能与弗吉尼亚存在亲密关系，但并非私通。弗吉尼亚选择指控迪尔克，可能是为了实现离婚的目的，因为迪尔克花花公子的名声在外，加之怨恨他与自己母亲的私情。迪尔克从这一事件中恢复过来并成了家，后来再次当选议员，一直就任到 1911 年去世。

上图：伦敦报纸中充斥着对怀特查佩尔谋杀案的可怕描述，以及各种凭空想象的细节和疯狂大胆的猜测。《笨拙》也再次打趣这种恐慌，在刊中画上一名蒙眼警察在街道上搜寻"开膛手杰克"的场景。

社会则抛弃了弗吉尼亚，但她成了一名新闻作家和虔诚的天主教徒。她用了很多年的时间参与公共服务，比如照料伦敦的贫民。1948 年，85 岁的弗吉尼亚去世。

"开膛手杰克"

1888 年，伦敦东区的怀特查佩尔贫民区发生了五起谋杀案，而凶手就是在伦敦报纸头版的恐怖故事中绰号为"开膛手杰克"的连环杀手。所有受害者均为妓女，其中四人都是在街头拉客时被杀害。

受害者总人数并不确定。媒体和一些初级警员认为总共有七人或者九人。许多调查人员相信，在 8 月 7 日被刺杀的玛莎·塔布连（Martha Tabram）是第一名受害者。通常认为，死于"开膛手杰克"刀下的五人分别是玛丽·安·尼科尔斯（Mary Ann Nicholls），死于 8 月 31 日；安妮·查普曼（Annie Chapman），死于 9 月 8 日；伊丽莎白·史泰德（Elizabeth Stride）和凯瑟琳·艾道斯（Catherine Eddowes），死于 9 月 30 日；玛丽·简·凯利（Mary Jane Kelly），死于 11 月 9 日。除史泰德外，其他四人都被剖开腹部，死者的惨状连报纸都难以描述。

街上增派了带着搜寻犬的警力，数百名嫌疑人被唤去询问，但一无所获。警方甚至听信了当时流传的一个说法，认为受害者的眼睛能揭示其最后看到的人，也就是凶手的样貌，但一名受害者的视网膜照片上并没有任何线索。1889 年，苏格兰场列出的四名主要嫌疑人为 23 岁的亚伦·柯斯米斯基（Aaron Kosminsky），是居住在怀特查佩尔的波兰裔犹太人，后来在精神病院中死去；31 岁的马塔古·约翰·杜立德（Montague John Druitt），是律师和老师，于 1888 年 12 月自杀；55 岁的麦克尔·奥斯通（Michael Ostrog），是个出生在俄国、进过精神病院的小偷；56 岁的弗朗西斯·J.塔布莱特（Dr Francis J. Tumblety），是美国的一名庸医，因为猥亵遭到追捕而逃离了美国。

案件调查期间，有声称是凶手的人向警方寄来信件，嘲笑他们无法破案。此外，10 月 16 日，怀特查佩尔警戒委员会（Whitechapel Vigilance Committee）主席乔治·卢斯科（George Lusk）收到一个纸箱包裹，里面装着据说是来自受害者的半个肾脏。寄件人的地址写着"来自地狱"，声称自己将另外半个肾脏烤熟并吃掉了，它的味道"非常灯（好）"，结尾的署名则是"有种就来抓我，拉斯科先主（生）"。

"开膛手杰克"谋杀案的报道深深吸引了英国、美国和欧洲其他国家的读者。如今，有关这名杀手的出版书籍已经有 100 多部，还有许多相关的电影和电视剧。他的真实身份仍然是犯罪史上最大的未解谜团之一。

"开膛手杰克"王室嫌疑人

许多年来，专业或业余的侦探们列出了许多嫌疑人的姓名。对这些杀戮十分着迷的画家华特·席格（Walter Sickert），也一直都在这份名单上。美国犯罪小说作家帕特丽夏·康薇尔（Patricia Cornwell）便相信，席格就是真正的"开膛手杰克"[1]。另一名不同寻常的疑犯也经常被认作凶手，他便是阿尔伯特·维克多王子（Prince Albert Victor），国王爱德华七世的儿子及维多利亚女王的孙子。2016 年，两封私人收藏的王子书信被公开拍卖。这些信件透露，阿尔伯特可能由于与某名妓女发生关系而感染上了淋病。1970 年，英国内科医生托马斯·斯托沃尔（Thomas Stowell）称王子的性病导致了他精神失常，从而驱使他犯下了谋杀罪行。他补充道，王室知道"艾迪"（阿尔伯特的昵称）至少杀害了两名妓女。然而，其他一些调查员则认为证据并不充分。

在 2001 年的电影《来自地狱》（*From Hell*）中，约翰尼·德普（Johnny Depp）饰演曾真正调查"开膛手"一案的警探弗雷德里克·艾博兰（Frederick Abberline）。这部电影暗示了阿尔伯特王子涉案。

定罪奥斯卡·王尔德

英国的法律曾将同性恋视作犯罪行为，其中最著名的罪犯便是才华横溢的作家奥斯卡·王尔德，他的职业生涯和自由权利都因一个错误而告终。

出生于都柏林（Dublin）的王尔德先后在当地的三一学院（Trinity College）和牛津大学莫德林学院（Magdalene College）接受教育。他以一头长发和古怪的着装为人所知，但最出名的还是他在 1882 年到加拿大与美国讲学时展现的风趣。

---

[1] 拥有法医学背景的帕特丽夏·康薇尔对这起悬案进行了调查，最后将结果写进《开膛手杰克结案报告》（*Portrait Of A Killer: Jack The Ripper - Case Closed*）并发表出版。

1884 年，他娶了康斯坦斯·劳埃德（Constance Lloyd），二人育有两个儿子。

　　向来风趣幽默的王尔德成为一名出色的作家，代表作品包括他的戏剧和 1890 年出版的第一部小说《道林·格雷的画像》（*The Picture of Dorian Gray*）。1895 年，随着喜剧《认真的重要性》（*The Importance of Being Earnest*）在伦敦的剧院大获成功，王尔德也因此声名大噪。但在同年，他收到情人阿尔弗雷德·道格拉斯勋爵（Lord Alfred Douglas）的父亲昆斯伯里侯爵（Marquis of Queensberry）的来信。侯爵非常鄙夷儿子跟他的关系，在信中指控他是"鸡奸者"，这令王尔德愤怒不已。他没有将羞耻抛诸脑后，反而以诽谤罪名将侯爵告上法庭，但又在证据对自己不利时撤销了诉讼。此后，王尔德因"严重猥亵男性"被捕，成为 1885 年新的同性恋法实施以来第一个被起诉的人。首个陪审团没有给出判决，但第二个陪审团认定其有罪。1895 年 5 月 25 日，王尔德被判处两年监禁与苦役。在雷丁监狱（Reading Gaol）服刑期间，他不仅破了产，还经受了身心的折磨。

　　1897 年刑满释放时，王尔德已经潦倒不堪，他逃往法国和意大利，1898 年完成了《雷丁监狱之歌》（*The Ballad of Reading Gaol*）。在剩余的日子里，王尔德居住在巴黎一间小小的公寓中，并在那里招待过一些朋友，最终在 1900 年去世。

右图：假如奥斯卡·王尔德没有起诉阿尔弗雷德·道格拉斯勋爵的父亲，那么他与阿尔弗雷德的关系或许还能继续安定地维持下去。王尔德出狱后，二人再次相见，在那不勒斯短暂地同居了一段时间。

克利夫兰街丑闻

查尔斯·哈蒙德（Charles Hammond）为贵族人士开办的男妓妓院在牛津街附近的克利夫兰街19号（19 Cleveland Street）秘密运营多年，直到几个年轻的报童被人发现在此提供服务。在英国同性恋曾属非法行为，也是伦敦的体面家庭中不予讨论的话题，因此知名人士与年轻男孩存在性交易的消息成为震惊全城的丑闻。

1889年7月4日，真相大白。在城里派送电报的15岁男孩查尔斯·托马斯·斯温斯考（Charles Thomas Swinscow）被人拦下询问最近发生在雇主单位邮政总局（General Post Office）的抢劫案。查尔斯身上带着18先令，对他而言这已经是一笔巨款，于是他被带去问话。他很快便承认，是哈蒙德雇他招待顾客，每次能获得4先令的报酬。此外，他还指认了其他3名报童。

警官们前往妓院，准备逮捕密谋"犯下可憎乞讨罪"的哈蒙德，但哈蒙德已经逃走，最后移居美国，再未被追究。9月，这些男妓在中央刑事法庭被判"严重猥亵罪"，接受了4到9个月的监禁与苦役。

英国王位的第二顺位继承人阿尔伯特·维克多王子也是传闻中的顾客之一。其他受到指控的人还有在丑闻曝光时离开了英国的亚瑟·萨默塞特勋爵（Lord Arthur Somerset）、对列出自己名字的报纸提起诉讼并赢得官司的尤斯顿伯爵（Earl of Euston）亨利·詹姆斯·菲茨罗伊（Henry James Fitzroy），以及第二王室近卫骑兵团（Second Life Guards）的杰维斯上校（Colonel Jervois）。到了1890年，大约有60人被确认身份，其中有22人都已逃离出国。

> "在英国同性恋曾属非法行为，也是伦敦的体面家庭中不予讨论的话题。"

因为主流媒体没有列出涉案者的姓名，所以公众很快对这桩丑闻失去了兴趣。许多政治家和社会人士都认为是政府刻意隐瞒此事，以维护某些重要人物的声誉。1890年2月28日，议会发起一项提议，要求委员会调查这桩丑闻，但以66票比204票的失败结果告终。

犯罪黑话

　　维多利亚时代的伦敦东区有着一套犯罪用语，而这里的违法之人有相当一部分都是考克尼人（cockneys）[1]。当时一些流行的黑话包括：

　　入室行窃者 = cracksman，buster，snoozer（在人睡觉时行窃），parlour-jumper

　　打牌作弊者 = broadsman

　　诈骗犯 = magsman

　　造假者 = smasher

　　执法人 = punisher，nobbler

左图：年轻的罪犯很快就能学会街头的黑话，对于周围受害者来说，他们像是在讲一门外语。

① 考克尼人即指伦敦东区的本地人。

销赃犯 = duffer

告密者 = blower

行凶抢劫者 = rampsman

警察 = reeler，mutton shunter

扒手 = dipper，mobsman，mutcher，tooler，drunken-roller

娼妓 = skittle，adventuress，toffer（服务社会上流顾客），dollymop（业余或兼职），abbess（老鸨）

劫匪 = huntsman

保险箱窃贼 = screwman

诱奸者 = gal-sneaker

商店扒手 = palmer

放哨人 = crow，canary（女性）

罪犯还使用更多的专业黑话，如指偷窃手表之人为"toy-getter"、指偷窃木箱之人为"peter-claimer"、指手持棍棒之人为"bludger"，以及指脱抢孩子衣服的女人为"skinner"。

大西洋彼岸的连环杀手

托马斯·内尔·克里姆（Thomas Neill Cream）出生于格拉斯哥，年幼时与家人一同搬到加拿大，后来在麦吉尔大学（McGill University）学习医学。克里姆成家不到一年，妻子就因某种疾病而去世。他在 1876 年来到伦敦继续学医，又在爱丁堡开办了自己的诊所。1879 年，克里姆怀有身孕的情人因氯仿中毒而死。受到指控后，他逃往芝加哥，在那里为妓女提供廉价的打胎手术。在这期间两名妓女因手术死亡，而他新情人的丈夫也遭遇了不测。男人下葬后，克里姆却给验尸官发去电报说这是一场谋杀，凶手是个药剂师。警方很快查明了此人的身份。1881 年，克里姆被判谋杀并遭到终身监禁。10 年后，他的父亲去世，留下足够的钱，克里姆买通了一名监狱官员，让他认同自己不再危险，可以释放出狱。

1891 年，克里姆搬到伦敦的兰伯斯（Lambeth），他在此至少杀害了四名妓

女。他带着几瓶掺有"士的宁"（Strychnine）的吉尼斯黑啤酒，拜访了后两名受害者 21 岁的爱丽丝·马尔什（Alice Marsh）和 18 岁的艾玛·施里维尔（Emma Schrivell）。报纸上《兰伯斯囚犯》的大字标题更是让当地人惊恐万分。后来，克里姆又试图勒索医生与富豪，声称自己知道他们曾经参与的谋杀，只要给他一笔钱，他就把证据寄给他们处理。他在某场派对上犯下大错，与一名警察聊天时透露了这些案件的太多细节。当局调查了他与妓女们的关系，不久又联系上了芝加哥警方，从他们那里得知克里姆曾经犯下谋杀重罪。

　　1892 年 7 月 13 日，克里姆因涉嫌杀害四名妓女被捕。他声称自己是托马斯·克里姆，而非因为谋杀入狱的内尔·克里姆。然而，警官在他家中发现了七瓶"士的宁"。10 月，克里姆因谋杀其中一名妓女玛蒂尔达·克洛弗（Matilda Clover）而接受审判，陪审团只用了 12 分钟就宣布其有罪。11 月 15 日，他在纽盖特监狱接受非公开绞刑。据说在活板门打开时，克里姆大喊"我是杰克"，将"开膛手杰克"犯下的谋杀案都归在自己身上。然而，"开膛手杰克"作案期间，克里姆被关在芝加哥的监狱里。

普莱斯托恐怖事件

1895 年 7 月非常酷热，13 岁的罗伯特·库姆斯（Robert Coombes）在他位于伦敦东区普莱斯托（Plaistow）的小排房（terraced house）①中杀死了他 37 岁的母亲。彼时，男孩的父亲正在大西洋的某艘船上打工。罗伯特和他 12 岁的弟弟纳撒尼尔（Nathaniel）与母亲的尸体一同度过了九天，他们去罗德板球场（Lord's Cricket Ground）看比赛，去滨海绍森德（Southend-on-Sea）钓鱼，去剧院看演出，还一直对邻居说他们的母亲去利物浦探亲了。

"最终，尸体的臭味在屋外也能明显嗅到。"

最终，尸体的臭味在屋外也能明显嗅到。警方进来时，兄弟俩正在库姆斯夫人的卧室内与一位朋友和她爬满蠕虫的尸体一起玩纸牌游戏。罗伯特承认："我弟弟纳提②因为偷吃东西被打了一顿，而妈妈还要把我也打一顿。"他补充说，弟弟想拿刀捅死妈妈，但他没法做到，于是就让罗伯特来做。罗伯特也没能成功，于是就用枕头闷死了她。

报纸都称之为"普莱斯托恐怖事件"，其中一家还说这是"有史以来我们被要求报道的最恐怖、最糟糕、最恶心的犯罪"。得知罗伯特还会弹奏曼陀林后，另一家报纸评论道："在犯罪史上，热爱音乐的恶人并不罕见。"

罗伯特在对他的审判中，似乎没有对自己的行为感到愧疚，甚至还在诉讼中咧嘴大笑，而他的弟弟则颤抖大哭。辩方将谋杀归咎于罗伯特严重的头痛症和他对廉价恐怖小说的喜爱。罗伯特最终因精神错乱被判有罪，并无限期地关进布罗德莫（Broadmoor）精神病院，而那里的收容措施相对来说还算人道。罗伯特是院中最年轻的病人，可以在那里玩板球，还能加入铜管乐队。纳撒尼尔则被法庭认为没有参与这场谋杀。1912 年，30 岁的罗伯特得到释放，他搬往澳大利亚，投奔了审判之后在那里居住多年的弟弟。一战期间，纳撒尼尔服役于澳大利亚海军，罗伯特则成为陆军中的担架兵，后来还获得了军功勋章。

---

①　排房（terraced house）也称联排房屋，是以同样的结构成排建造、左右相接的一类住宅。

②　纳撒尼尔的昵称。

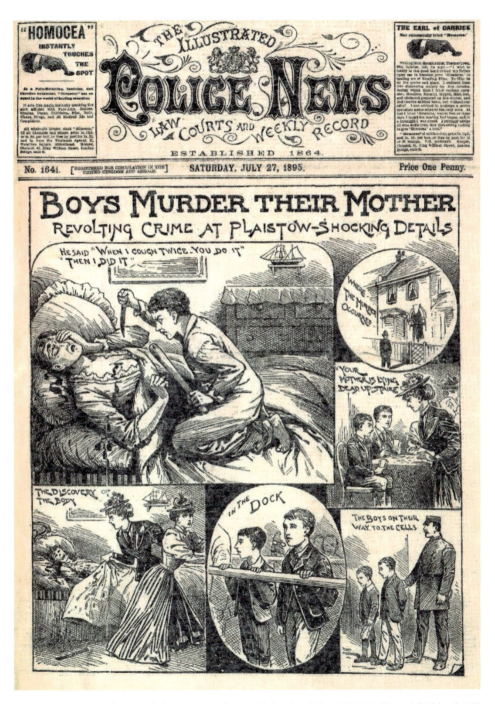

上图：伦敦轰动一时的《警方新闻》（*Police News*）因刊登含有暴力元素的犯罪图画而积累了一大批受众。为了满足所有类型的读者，这一整页头版用简化的插图故事叙述了普莱斯托恐怖事件。

7

现代时期

伦敦警方利用过去两个世纪发明的技术辨认、追捕违法犯罪之人，但科学技术同样也被用来实施包括谋杀在内的犯罪行为。

对页图：1990 年，反对政府新人头税的抗议活动发展成伦敦乃至英国史上最大的几场暴乱之一。首相玛格丽特·撒切尔（Margaret Thatcher）就此问题拒绝让步，最终导致了她辞职。

20 世纪，法医学飞速发展，通过指纹、DNA 与照片等证据建立起的数据库可用以解决数十年前的陈案。而如今，罪犯也同样利用起网络和手机之类的新手段，试图逃过法律的制裁。

克里平医生

霍利·哈维·克里平（Hawley Harvey Crippen）是美国的一名医师，他杀害了自己的妻子并逃跑，最后成为第一个因为电报而被抓获的罪犯。

1892 年，克里平与妻子科拉（Cora）在纽约市结婚。1897 年，二人搬来伦敦，克里平售卖专利药品，科拉则化名贝拉·埃尔莫尔（Belle Elmore）在一家音乐厅当歌手。这对夫妻有着截然不同的性格：克里平举止谦和，科拉活泼开朗（还有着一些风流韵事）。克里平也与年轻的秘书埃塞尔·勒尼夫（Ethel Le Neve）有染，他们在一所听障人士服务机构共事。1909 年 12 月，科拉告诉克里平自己打算离开他，还要把钱从两人的存款账户中取走。一个月后，科拉消失了。克里平解释说妻子回美国去拜访别人了，后来又宣称她死在了那边。没过多久，埃塞尔就住进了克里平的房子，还在公众场合穿着科拉的毛皮大衣、戴着科拉的珠宝首饰。他们的轻率行为引发了猜疑，沃尔特·迪尤（Walter Dew）探长因此前往伦敦北部的霍洛威（Holloway）登门拜访了克里平。克里平这时又说，他的妻子与另一个男人私奔了。迪尤之后再次上门时，这对情人已经逃走了。

一次搜查中，警方在地下室砖块下的一个洞里发现了被掩埋的人体骸骨。验尸结果表明这些遗骨属于科拉，还发现她是在被下毒之后遭到了分尸。报纸开始传播这起令人震惊的谋杀案时，克里平正身在布鲁塞尔（Brussels），对事态的转折全然不知。他与乔装成男孩的埃塞尔出逃后登上了一艘从安特卫普（Antwerp）开往加拿大的船。船长认出了两人，并向苏格兰场发去电报。迪尤探长便乘上一艘更快的轮船，在二人的旅途终点将其逮捕。克里平与埃塞尔被遣返伦敦，1910 年 10 月在中央刑事法庭分别受审。埃塞尔被判无罪，而克里平获罪后于 11 月 23 日在本顿维尔监狱（Pentonville Prison）接受了绞刑。

逮捕克里平

　　逃离伦敦后，克里平与乔装成男孩的埃塞尔乘坐"蒙特罗斯"号（Montrose）横渡大西洋。船长亨利·乔治·肯德尔（Henry George Kendall）认出了这对逃亡者，还恰好在他们驶出船载信号台的收发范围之前。船长让电报员劳伦斯·欧内斯特·休斯（Lawrence Ernest Hughes）向伦敦当局发送了一份无线电报，写道："高度怀疑伦敦'地下室凶手'克里平及其同伙在宴会厅的乘客之中。克里平剃了胡子，长了胡茬。同伙乔装成男孩，但举止和身材无疑是女孩。"

　　如果克里平乘坐的是三等舱[1]，那么他或许能够逃过肯德尔的注意。沃尔特·迪尤登上白星航运（White Star liner），一艘更快的轮船，赶在克里平之前到达魁北克（Quebec）并联络了加拿大当局。在"蒙特罗斯"号驶入圣劳伦斯河（St. Lawrence River）之后，迪尤伪装成领航员登船，肯德尔则邀请克里平与他们见面。迪尤取下领航帽说道："早上好，克里平医生。你认识我吗？我是苏格兰场的迪尤总探长。"克里平愣了半晌才回复道："感谢上帝，终于结束了。我再也受不了这样的提心吊胆了。"

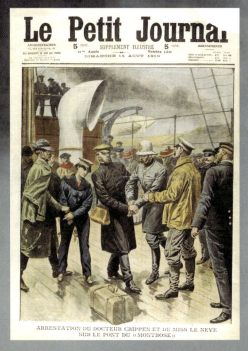

上图：克里平被捕的惊人消息得到了国际媒体的关注与报道。新闻记者都纷纷前往加拿大见证克里平被押下轮船。

---

① 　一般只有头等舱的乘客才能前往船上的宴会厅。

妇女参政论者骚乱

　　1908 年 6 月 21 日，当争取性别平等与女性权利（尤其是选举权）运动已经持续了大约 30 年时，一场由妇女参政论者主导的大型集会在伦敦海德公园召开。这一天，妇女们乘坐包租火车从全国各地赶来，聆听要求选举权的演讲。大约 30 万抗议者带着 700 面旗帜参加了周日的伦敦游行。这场运动的领导者包括埃米琳·潘克赫斯特（Emmeline Pankhurst）和她的女儿克丽斯特贝尔（Christabel）与西尔维亚（Sylvia）。她们的妇女社会政治同盟（Women's Political and Social

"她们开始绝食抗议，接着被用漏斗和软管强行喂食生鸡蛋。"

右图：警方被迫在伦敦街头逮捕了许多妇女参政论者。这是一场小心翼翼的逮捕行动，因为这些女性往往来自上流社会的家庭。妇女参政论者游行期间，同样有男性遭到逮捕。

上图：1913 年的埃普索姆赛马场，艾米丽·戴维森奔跑至国王的马前，想要将一条披巾系在缰绳上，却因此受到了致命伤害。艾米丽的举动可能并非自杀，因为她购买了从埃普索姆返程的火车票。

Union，WPSU）吸引了许多支持直接行动①的成员。

　　同年，妇女参政论者团体中的激进分子伊迪斯·纽（Edith New）和弗洛拉·德拉蒙德（Flora Drummond）将自己锁在唐宁街 10 号外的栏杆上高喊："妇女选举权！"当年末，伊迪斯再次来到首相的居所，用石头砸碎了玻璃。这场运动的抗议活动逐渐发展成暴力行为，1910 年之前被捕人数也在不断上升。

　　同年 11 月 18 日，议会广场（Parliament Square）上的一场大型集会最终演变成抗议者与警方之间的争斗，此外，妇女们还打碎了牛津街和摄政街（Regent Street）商铺的窗户。这便是著名的"黑色星期五"（Black Friday）事件，那些遭到逮捕的人有两个选择：支付罚款或者接受监禁。几乎所有人都选择成为阶下囚，因为这样能帮助宣扬她们的事业。被关押在霍洛威监狱时，妇女参政论者要求被称为政治囚犯。遭到拒绝后，她们开始绝食抗议，接着被用漏斗和软管强行喂食生鸡蛋，这也让公众舆论开始转向支持她们。

────────────

① 指通过罢工、抗议（而非对话、讨论）等形式达到目标的行动。

后果最严重的个人抗议也即将到来。1913 年 6 月 4 日，在埃普索姆赛马场的（Epsom Derby）一场比赛中，妇女社会政治同盟的成员艾米丽·戴维森（Emily Davison）扑到国王的马前，当场丧命。她的葬礼吸引了大约 6000 名妇女来到布鲁姆斯伯里（Bloomsbury）的圣乔治教堂（St. George's Church）。次年，第一次世界大战爆发后，抗议者几乎停止了活动。妇女们投身于男性的工作中，在社会上赢得了更多尊重。1918 年，30 岁以上的女性获得了选举权；1928 年，女性最低投票年龄下降至 21 岁。

浴缸里的新娘

乔治·约瑟夫·史密斯（George Joseph Smith）是个重婚犯，还在浴缸里谋杀了自己的三位妻子。他出生于伦敦东区，九岁时因为偷窃进了少管所并服刑七年。1898 年，他与卡罗琳·桑希尔（Caroline Thornhill）结婚。后来，卡罗琳受史密斯指使偷窃了雇主的财物，因此被判处监禁三个月，史密

右图：乔治·约瑟夫·史密斯犯下的谋杀罪行与法医科学家揭露其罪行的过程深深吸引了伦敦市民。《每日镜报》（The Daily Mirror）称，这场判决比第一次世界大战时被德国人击沉一艘邮轮[①]还重要。

---

① 1915 年 5 月 7 日，载有近 2000 名乘客和船员的"卢西塔尼亚"号（Lusitania）邮轮在行驶至爱尔兰外海时遭遇德国潜艇袭击。不到 20 分钟，"卢西塔尼亚"号沉没。

斯也入狱两年。最后，卡罗琳离开他搬去了加拿大，但二人从未离婚。

　　他杀的第一名受害者是贝茜·蒙迪（Bessie Mundi），二人于1910年的夏天在布里斯托尔相遇。贝茜当时继承了2500英镑的遗产，史密斯化名为亨利·威廉姆斯（Henry Williams），几周之后便与她成婚。1912年5月，他们在肯特的赫恩湾（Herne Bay）定居，而史密斯让贝茜立下一份遗嘱，将他指定为受益人。他说服贝茜，让她相信自己"患上"癫痫，然后带她去看了医生。7月13日，史密斯报案称贝茜在浴缸里死亡。验尸结果表明，她的确患有癫痫。值得一提的是，史密斯此前让贝茜去买了浴缸，在她死后又将浴缸退货。

　　1913年9月，史密斯在南安普顿遇见年轻的护士爱丽丝·伯纳姆（Alice Burnham）。在11月4日两人结婚当天，他就带爱丽丝去做体检，想要再次以自己为受益人购买人寿保险。他们的蜜月在布莱克浦（Blackpool）度过，此后史密斯又带头痛严重的爱丽丝看医生。12月12日，她被发现死在酒店的浴缸中。接着，史密斯又化名为约翰·洛伊德（John Lloyd）与玛格丽特·洛夫蒂（Margaret Lofty）约会，两人在1914年12月18日结婚，就像之前那样：玛格丽特买了人寿保险，他们在伦敦的海格特（Highgate）度过蜜月，史密斯带她去医生那里看头痛，次日玛格丽特也死在了浴缸里。

　　由于在每具尸体上没有发现任何痕迹，这几起死亡都没有被判定为命案。然而，爱丽丝·伯纳姆的父亲在报纸上读到洛夫蒂的死讯后，向警方报告了两起案件的相似之处。1915年2月，史密斯遭到逮捕。几具尸体被重新挖出，但警方没有找到任何有关暴力、毒物或药物的证据。然而内政部（Home Office）的病理学家伯纳德·斯皮尔伯利（Bernard Spilsbury）注意到，贝茜·蒙迪死时依然握着一块肥皂。他说，如果是因为癫痫或晕厥，她的手应该会张开。

　　那么，她们是如何在没有挣扎迹象的情况下溺亡的呢？斯皮尔伯利认为，史密斯在妻子们洗浴时猛拉对方的腿，而突然的水流冲击导致她们晕厥。斯皮尔伯利与一名换上泳装的女警演示了这个猜想，而女警的确在他将其猛拉入水时晕厥过去，进行人工呼吸后才得以恢复。另一个猜想由史密斯的律师提出，称史密斯催眠了几名受害人。

　　审判期间，谋杀案"浴缸里的新娘"登上了报纸头条，史密斯真正的妻子卡罗琳·桑希尔也出席了法庭。陪审团反用了22分钟就宣布史密斯有罪。在他于1915年8月13日接受绞刑后的第二天，卡罗琳嫁给了一名加拿大士兵。

烈火中的圣保罗大教堂

圣保罗大教堂是闪电战中令人惊叹的幸存建筑。1940 年 12 月 29 日，敌机在伦敦旧城投下燃烧弹，引发的熊熊大火摧毁了大多数建筑。随着炸弹如雨点般落在教堂的四周，温斯顿·丘吉尔（Winston Churchill）派人保护这座建筑。最终，一颗燃烧弹落在屋顶，教堂的穹顶开始熔化。在消防队员的注视下，炸弹突然松动，然后滚落到下方的石地上。他们用沙袋闷熄了燃烧弹，圣保罗大教堂也幸存下来，成为伦敦市民坚定信念与顽强抵抗的标志。

左图：街头摄影师赫伯特·梅森（Herbert Mason）在 1940 年 12 月 29 日拍摄的圣保罗大教堂。它象征着闪电战中伦敦幸存者的形象。

闪电战

第二次世界大战爆发后，纳粹德国空军（Luftwaffe）自 1940 年 7 月 10 日开始轰炸英国，主要针对港口、雷达站和空军基地之类的军事活动中心。8 月 8 日前，德军已派出近 1500 架敌机实施空袭，为入侵英国铺平了道路。然而在 9 月前，以"喷火"（Spitfires）与"飓风"（Hurricanes）战斗机为代表的英国皇家空军（Royal Air Force，RAF）拿下了空中的"不列颠之战"（Battle of Britain），在损失 1023 架战机的同时击落了 1887 架德国战机。德军从此转为夜间突袭，将目标放在伦敦、考文垂、谢菲尔德（Sheffield）、南安普顿和利物浦等 16 座城市的工业中心。

上图：尽管闪电战来势汹汹，伦敦却始终屹立不倒。1945 年，温斯顿·丘吉尔回忆，"遭遇闪电战时我们没有任何怨言，也没有任何退缩的迹象"，闪电战"证明了伦敦可以承受这一切"。

1940 年 9 月 7 日，纳粹空军对首都伦敦展开了空袭。300 架轰炸机投下 370 吨炸弹，造成 448 名居民伤亡。这波袭击先是不间断地持续了 56 个夜晚，然后变成零星的袭击，直到 1941 年 5 月 16 日停息下来。伦敦人顶住了这种恐怖战术，还采用德语的"blitzkrieg"（意为"闪电战"）并将其缩短为"blitz"，以符合英语的表达方式来称呼它。居民在防空洞和地下车站避难，侦查员与消防员的队伍则在英勇抗击来自空中的恐怖。许多家庭都把自己的孩子送到遥远乡下的亲戚家或寄宿家庭。战争期间，有超过 200 万孩童被撤出伦敦和其他易受攻击的城市。其他撤离人员包括母亲、孕妇、老龄人群和医院病患。城市里剩下的居民在夜间要遵守灯火管制，遮住任何可能引来轰炸机的光亮。那些留下来的人也包括国王乔治六世（King George VI）和玛丽王后（Queen Mary），他们探访了伦敦东区，向那些经受攻击的人民给予精神上的支持。空袭期间，他们位于白金汉宫的住所和庭院被击中过 16 次，但没有造成任何伤亡，也几乎没有实质性的损伤，只是有许多窗户的玻璃被震碎。

闪电战结束时，约有 3 万伦敦人死亡、5 万伦敦人受伤。

约翰·克里斯蒂

十年的时间里，一战老兵约翰·克里斯蒂（John Christie）在诺丁山（Notting Hill）瑞灵顿街 10 号（10 Rillington Place）的公寓中杀害了至少八名女性，其中包括一个婴儿与他的妻子埃塞尔（Ethel）。在克里斯蒂于 1953 年搬出公寓后，三具尸体在厨房的壁龛中被发现，他妻子的尸体则在地板下被发现。还有两具尸体被埋在后庭花园，一根人类的股骨支撑着栅栏。受害者中有五名是被克里斯蒂强奸后勒死的妓女，另外两人是邻居蒂莫西·埃文斯的妻子和孩子，而他在 1950 年被指控谋杀二人。实际上，克里斯蒂是埃文斯审判上的公诉方证人。埃文斯最后被判处绞刑，这起冤案也推动英国在 1965 年废除了死刑。1966 年，埃文斯被改判无罪。

上图：蒂莫西·埃文斯（Timothy Evans）虽然无罪，却也并非一身清白。他承认自己是个酒鬼，拥有一段压力巨大的婚姻，但在细节上不断地变换说辞。最终他指认了克里斯蒂，却为时已晚。

"三具尸体在厨房的壁龛中被发现，他妻子的尸体则在地板下被发现。"

克里斯蒂终于被逮捕，因为谋杀妻子而接受审判。他站在被告席上承认道："我的确杀死了受害者。过去十年里，我还杀死了另外六人。"克里斯蒂以精神错乱为自己做无罪辩护，他的律师也称他"像发情的野兔一样疯狂"。然而，克里斯蒂依然在 6 月 15 日被判处绞刑，这场处决于 7 月 15 日在本顿维尔监狱执行。

20 世纪 70 年代，克里斯蒂的公寓被拆除，其所在的街道也经历了重建并更名为巴特尔路（Bartle Road）。

下图：约翰·克里斯蒂的致命错误是搬出了他埋尸的房子。他也是指认无辜邻居蒂莫西·埃文斯的关键证人。被警方抓获时，克里斯蒂已无家可归。

上流社会的整骨医师斯蒂芬·沃德（Stephen Ward）将克里斯汀·基勒（Christine Keeler，其右）介绍给了保守党大臣约翰·普罗富莫。他的一生被安德鲁·洛伊德·韦伯（Andrew Lloyd Webber）改编成音乐剧《斯蒂芬·沃德》，于2013年在伦敦开演。

普罗富莫丑闻

20 世纪 60 年代初期，英国陆军大臣约翰·普罗富莫被卷入性丑闻与情报泄露事件，最终导致首相哈罗德·麦克米伦（Harold Macmillan）领导的保守党政府倒台。

1961 年 7 月 8 日，普罗富莫在阿斯特勋爵（Lord Astor）的乡下宅邸克莱夫登庄园（Cliveden House）参加派对时遇见了 19 岁的克里斯汀·基勒。这名舞女和应召女郎的介绍人是斯蒂芬·沃德，一名与犯罪人物关系甚密的整骨医师。同样前来参加派对的还有克里斯汀的情人——苏联海军专员叶夫根尼·"尤金"·伊万诺夫（Yergeny "Eugene" Ivanov）。普罗富莫与基勒发生了肉体关系，二人的绯闻也开始四处传播；而当时正值冷战的紧张时刻，于是人们也担忧起此事与苏方的联系。伊万诺夫回到了苏联，普罗富莫则于 1963 年 3 月 22 日在下议院就此事发表声明，称其中"没有任何不当行为"。然而，有太多证据表明事实并非如此。6 月 5 日，普罗富莫向各议员致歉并辞职。10 月，首相麦克米伦辞职。

沃德因为以不道德收入为生而接受了审判，1963 年 7 月 31 日，他服用了过量的安眠药，这天也是他出庭的最后一天。他在住院期间被陪审团定罪，最后死于 8 月 3 日。普罗富莫则开始在伦敦东区从事慈善工作，并因此于 1975 年被授予大英帝国司令

左图：人称"杰克"的约翰·普罗富莫因为这场绯闻而断送了自己的政治生涯。他的妻子是电影明星瓦莱丽·霍布森（Valerie Hobson），在普里富莫的丑闻期间支持着普罗富莫，还在之后帮助了他的慈善事业。

勋章（Commander of the British Empire，CBE）^①。2006 年，91 岁的普罗富莫去世。2001 年，基勒出版了她的自传《最终真相：我的故事》（*The Truth at Last: My Story*）。

双胞胎克雷

克雷（Kray）家的双胞胎雷吉（Reggie）与罗尼（Ronnie）曾一度被认为是英国最危险的人物，在 20 世纪 60 年代里统治着伦敦的黑社会。他们在伦敦东区的贝思纳尔格林（Bethnal Green）长大，年少之时便成为帮派成员，甚至因为拒服兵役被关押在伦敦塔数日，成为这座监狱的最后一批囚犯。20 世纪 50 年代，兄弟俩开始投身拳击运动，但不久后就建立了自己的帮派并称之为"公司"（The Firm）。他们以勒索保护费、抢劫、盗窃与买下一家台球俱乐部起家，逐渐地拥有了几家高档夜总会，吸引了朱迪·嘉兰（Judy Garland）在内的许多名人。雷吉有着商人的魅力，罗尼则更为粗野。兄弟二人都是双性恋者，罗尼还在同性圈里被称为"太后"（Queen Mother）。

20 世纪 60 年代，兄弟俩在帮派事业上的手段变得强硬起来。1966 年，他们帮助"疯狂斧手"弗兰克·米切尔（Frank Mitchell）逃出了达特姆尔监狱（Dartmoor Prison），但据说又在对方不受控制后将其杀害。同年，罗尼走进一家酒吧，爆头射杀了敌对帮派的乔治·康奈尔（George Cornell）。1967 年，兄弟俩联手谋杀了另一名帮匪"帽子"杰克·麦维塔（Jack McVitie）。他们引诱他前往某间地下室公寓参加派对，然后清走在场的所有女性；与此同时，罗尼摁住杰克，雷吉则用切肉刀将他捅死。

1969 年，克雷兄弟的谋杀罪名成立，被判处终身监禁，帮派的 14 名成员也都沦为阶下囚。罗尼在被诊断出精神分裂症后被送去布罗德莫监狱，这对双胞胎也因此分开。但即便身陷囹圄，克雷兄弟依然为名人们提供着安保服务，包括在法兰克·辛纳屈（Frank Sinatra）拜访英国时派去保镖。

> "罗尼摁住杰克，雷吉则用切肉刀将他捅死。"

---

① 大英帝国勋章是英国授勋及嘉奖制度中的骑士勋章之一，共设爵级大十字勋章（GBE）、爵级司令勋章（KBE/DBE）、司令勋章（CBE）、官佐勋章（OBE）和员佐勋章（MBE）五个级别。

上图：克雷家的双胞胎罗尼（左）与雷吉（右）。他们还有一个兄弟名叫查理，常常被称为"安静的克雷"，却也是他们犯罪团伙中的一员。2015 年的电影《传奇》（Legend）就讲述了克雷兄弟的故事。

1995 年，61 岁的罗尼在监狱里因心脏病发作身亡。雷吉被诊断出膀胱癌，2000 年时出于人道主义关怀考虑被批准释放出狱。八周后，66 岁的雷吉死在一家酒店中。

摇滚伦敦

20 世纪六七十年代的伦敦在许多年里释放了无限的自我表达，去"做你自己的事"、去"毫无保留地宣泄"。然而，这种新自由带来的欢愉也伴随着消极影响——未来的岁月里，不断扩张的毒品文化夺去受害者的性命，而其中许多都是世界闻名的音乐家。那些离世的人包括：

吉米·亨德里克斯

吉米·亨德里克斯（Jimi Hendrix）是美国著名的吉他手、歌手和作曲家，他将摇滚、布鲁斯、爵士与灵魂乐①融为一体，成为这个时代最具影响力的音乐家之一。1966 年，他的到来在伦敦引起了轰动。1970 年 9 月 18 日，27 岁的亨德里克斯因摄入过量混有巴比妥酸盐的酒精，在诺丁顿山的公寓中死亡。

凯斯·穆恩

著名的凯斯·穆恩（Keith Moon）是"谁人乐队"（The Who）最初的鼓手，也被认为是摇滚史上最伟大的鼓手之一。他的生活狂放不羁，也因为爱开玩笑而声名狼藉，因而其绰号为"疯子穆恩"（Moon the Loon）。1978 年 9 月 7 日，32 岁的穆恩在梅菲尔寇松广场（Curzon Place）的公寓中过世，其死因是过量服用了一种治疗酒精中毒的处方药物。值得一提的是，四年前的 7 月 4 日，"妈妈爸爸乐队"的美国歌手"妈妈"凯斯·艾略特（Cass Elliot）以同样的年纪于同样的公寓中离世，据说死因是睡觉时心脏病发作。

艾米·怀恩豪斯

艾米·怀恩豪斯（Amy Winehouse）是享有国际声誉的英国歌手和作曲家，凭

---

① 灵魂乐发源于 20 世纪 50 年代的美国，是一种融合了南方福音音乐和中西部地区节奏蓝调的音乐流派。

借自己在爵士、灵魂乐和节奏蓝调之间轻松转换的歌曲赢得了许多国际大奖。媒体曾广泛报道怀恩豪斯在药物、酒精使用和精神健康方面的问题，而年仅 27 岁的她于 2011 年 7 月 23 日在伦敦卡姆登的家中因酒精中毒过世。

左图：尽管艾米·怀恩豪斯的脆弱生活充满着毒品与酒精，但她英年早逝的消息仍然震惊了众人。怀恩豪斯与托尼·班尼特（Tony Bennett）的二重唱曲目是她生前录制的最后一首歌曲，在她去世两个月后得以发行。

鲁肯勋爵

1974 年 11 月 7 日，29 岁的保姆桑德拉·里维特（Sandra Rivett）在雇主鲁肯勋爵位于伦敦西区贝尔格莱维亚（Belgravia）富人区下贝尔格莱弗街 46 号（46 Lower Belgrave Street）的家中，被人用一根铅管重击致死。当时，桑德拉去地下室泡茶，已经与丈夫分居的鲁肯勋爵夫人维罗妮卡·邓肯（Veronica Duncan）在下楼查看时也遭遇了袭击，浑身是血的她从家里跑进了附近的一家酒吧。此前，维罗妮卡认出房间里的人正是自己的丈夫，尽管没有看见鲁肯勋爵袭击保姆，但她仍然指认他为凶手。据说，鲁肯勋爵把保姆误认为正在与自己争夺孩子监护权的妻子，因此袭击了她。

原名理查德·约翰·宾厄姆（Richard John Bingham）的鲁肯勋爵立刻人间蒸发。警方调查发现，他曾驱车前往东萨塞克斯的朋友家中写了两封信。此后，线索完全消失了。鲁肯勋爵借来的车在纽黑文（Newhaven）被发现，车内留有血迹。有人认为鲁肯勋爵结束了自己的生命，从他停靠在那里的汽艇上跳河溺亡，但更多人相信他得到了有权有势的朋友的帮助而逃之夭夭，因为鲁肯勋爵认识许多贵族人士，也是人称"幸运鲁肯"（Lucky Lucan）的专业赌徒，他经常光顾伦敦许多高档俱乐部。

他的消失至今是英国的一大未解之谜。这些年来，据说在澳大利亚、巴拉圭、莫桑比克、果阿等许多国家或地区都有人目击到鲁肯勋爵。2016 年 2 月，鲁肯勋爵被正式宣告死亡，相信父亲清白的乔治·宾厄姆（George Bingham）得以在 49 岁继承了他的头衔，成为第八任鲁肯伯爵。这一年，78 岁的维罗尼卡仍然居住在贝尔格莱维亚。

上图：鲁肯勋爵与维罗妮卡·邓肯在他们 1963 年的婚礼上。保姆谋杀案发生时，夫妻二人正处于激烈的监护权争夺战中。他的妻子相信，丈夫从一艘渡轮上跳河自杀了。

带毒的雨伞

　　1978 年 9 月 7 日的午餐时间，乔治·马可夫（Georgi Markov）行走在拥挤的人行街道，他准备去往滑铁卢大桥（Waterloo Bridge）南边的公交车站。突然，他感觉右边大腿一阵刺痛，转身发现一名男子捡起了一把掉落的雨伞。这个陌生人向他轻声道歉，然后便坐上一辆出租车离去了。没多久，49 岁的马可夫开始发烧，在遭遇袭击四天后死亡。死前，他坚称那个男人是特务，而那把雨伞带有毒药。尸检时，验尸官在他的皮肤下发现一颗含有剧毒蓖麻毒素的小球丸。

　　这名 49 岁的保加利亚异见人士[1]在 1969 年变节，他是英国广播公司（BBC）的记者，也曾是一名成功的小说家与剧作家。在苏联解体后的几年里，前克格勃（KGB）的官员们宣称苏联和保加利亚特务机关联合暗杀了马可夫。1992 年，保加利亚一名前首席情报官因为销毁了有关这场谋杀的资料而获刑 16 个月。没有人真正受到司法制裁，而保加利亚也在 2013 年宣布正式结束此案。

左图：因为注射进体内的小球丸未能溶解，英国的医生和科学家才得以识别出杀死马可夫的蓖麻毒素。

①　乔治·马可夫曾多次批评保加利亚政权，这可能是保加利亚政府委托克格勃杀害他的原因。

连环杀手与恋尸癖

1978年至1983年，一个名叫丹尼斯·尼尔森（Dennis Nilsen）的公职人员在伦敦杀害了至少15名男子。出生于苏格兰的尼尔森曾在军队里担任炊事员，后来在伦敦北部一家就业中心工作。他会在酒吧约见一些男人，这些男人或无家可归，或身为同性恋，有时也从事性交易。尼尔森邀请这些人来到自己的公寓后杀害他们（通常用领带勒死或淹死）。接着，他会把尸体放在床上或椅子上，一段时间之后再进行分尸。

尼尔森在伦敦西北威尔斯登格林（Willesden Green）的梅尔罗斯花园195号（195 Melrose Gardens）杀害了至少12人，又将他们的尸体埋葬在自家花园里。1981年，他搬至伦敦北边马斯韦尔山（Muswell Hill）的克兰利花园（Cranley Gardens），在那里至少又谋杀了3人。杀死受害者后，他会将尸体存放在自己单卧

上图：2015年，70岁的丹尼斯·尼尔森透露，他已经写好自传并将其藏了起来，希望有可能在他死后出版。他说，这本自传有数千页打字稿的内容。

阁楼公寓的衣柜中。如果腐肉的臭味变得过于浓烈，他会将一部分从马桶和下水道冲走。1983 年，尼尔森明目张胆地向房东抱怨管道被堵塞，要求请垃圾处理公司前来维修。结果，维修人员在管道中发现了人体残骸，尼尔森因此遭到逮捕，他承认自己犯有 15 或 16 桩谋杀罪行。

后来，尼尔森告诉警方："让我感到惊讶的是，我没有眼泪为这些受害者而流。我也没有眼泪为我自己、为那些因为我的行为丧亲的人们而流。"1983 年 11 月 4 日，尼尔森被判终身监禁，25 年内不得假释①。1994 年 12 月，法院将刑罚改判为终身监禁，不得假释。

上帝的银行家

1982 年 6 月 19 日，意大利著名的银行家罗伯托·卡尔维（Roberto Calvi）被发现悬吊在伦敦黑衣修士桥（Blackfriars Bridge）下的脚手架上。他的口袋里有五块砖头和三种不同的货币，折合约 1.4 万美元。卡尔维与梵蒂冈银行关系甚密，因此又被称为"上帝的银行家"（God's Banker）。在路人发现他的尸体之前，卡尔维已经失踪了九天。调查陪审团将他的死亡认定为自杀。

前一年，卡尔维就试图在监狱里自杀，当时的他因为从自己担任总裁的安布罗西亚诺银行（Banco Ambrosiano）非

左图：法医科学家有关卡尔维死于谋杀的结论来自卡尔维之子、前银行家卡洛（Carlo）委托进行的独立调查报告。

---

① 大多数情况下，在英国被判处终身监禁的犯人服刑满一定时间（由法官决定）后就可以获得假释。

法转出数十亿里拉[1]被判有罪。卡尔维获刑四年，在上诉期间得到释放后逃往威尼斯，又刮掉胡子乘坐私人飞机前往伦敦。在他死亡的前一天，卡尔维的女秘书从他的银行跳楼自杀身亡，留下一份有关卡尔维对雇员和业务造成损失的记录。

1983 年，第二次调查审讯将裁决由自杀改为存疑。2002 年，意大利法医科学家得出的结论是卡尔维死于他杀：他的双手没有接触过砖头，脖子上也没有显示出死于上吊的迹象。2005 年，五名与卡尔维谋杀案有关的嫌疑人在罗马接受审判。2007 年，他们都被宣布无罪。

爱尔兰共和军在伦敦的杀戮

20 世纪 70 至 90 年代，爱尔兰共和军（Irish Republican Army，IRA）在伦敦各地引爆炸弹，导致了许多市民的伤亡，这些地点包括东部的码头区（Docklands）和西部著名的百货公司哈洛德（Harrods）。最胆大妄为的两起爆炸则是针对首相的袭击。1984 年 10 月 12 日，保守党会议期间，玛格丽特·撒切尔与其他政府官员在布莱顿一家酒店的爆炸中幸存。然而，事故仍然造成 5 人死亡、34 人受伤。1991 年 2 月 7 日，约翰·梅杰（John Major）在唐宁街 10 号会见内阁成员时，爱尔兰共和军使用自制迫击炮发动了 3 次攻击。一枚炮弹在后院爆炸，3 人因此受到轻伤。

伤亡情况最为严重的两起爆炸发生在 1982 年 7 月 20 日的海德公园和摄政公园（Regent's Park）。两起爆炸共造成 11 名士兵死亡、大约 40 人受伤。

上午 10 点 40 分左右，已经上马的皇家骑兵团（Royal Household Cavalry）正从骑士桥（Knightsbridge）的兵营前往白金汉宫，准备进行卫兵换岗仪式。突然，一颗远程控制的钉子炸弹在路边停靠的一辆汽车内爆炸，导致 3 名士兵当场死亡、1 人在次日离世。事故中共有 23 名士兵受伤、7 匹马死于爆炸或在受伤之后被人道毁灭[2]。一匹名为塞夫顿（Sefton）的马受了 34 处伤，却幸存下来成为抵抗与希望的象征，它直到 1993 年才去世。

---

① 里拉（lire）是意大利在 1861 至 2002 年间使用的货币单位。
② "人道毁灭"是指以最低的痛苦程度人为结束动物的生命。

不到两个小时，另一颗炸弹在摄政公园的演奏台下爆炸，而皇家绿夹克兵团（Royal Green Jackets）彼时正在为大约 120 位观众举行午间音乐会。这场爆炸造成了 7 名士兵死亡。据说，炸弹在两周之前就被留在那里，引爆时间也被设置在了音乐会期间。

1987 年，北爱尔兰的电工吉尔伯特·"丹尼"·麦克纳米（Gilbert "Danny" McNamee）因制造海德公园一案的炸弹而接受审判并获刑 25 年。他在 12 年后因《耶稣受难日协议》（*Good Friday Agreement*）① 获得释放，罪名也随之被撤销。2013 年，约翰·唐尼（John Downey）也因涉嫌海德公园爆炸一案遭到逮捕，但在次年被无罪释放，因为警方在 2007 年错误地向他寄去一封信，称其不会因为该罪行受到通缉。

1983 年 12 月 17 日，在 11 名士兵身亡 17 个月后，爱尔兰共和军的一颗车载炸弹在伦敦著名的哈洛德百货公司外爆炸，造成 3 名警察与 3 名市民死亡、超过 90 人受伤。大部分受害者都是圣诞节采购者。而一周之前，爱尔兰共和军在伦敦皇家炮兵军营（Royal Artillery Barracks）引发了另一颗炸弹，导致 3 名士兵受伤。2013 年 12 月 17 日为哈洛德爆炸案 30 周年纪念日，人们为当年的遇难者举办了一场追悼会，他们的名字至今还刻在百货公司两块大理石纪念板上。

上图：爱尔兰共和军安放在莫里斯牌汽车中的炸弹于卫兵列队行进之时突然爆炸，海德公园的街道上到处都是杀戮的痕迹。这是爱尔兰共和军最恶劣的暴行之一，也是一场可怕的恐怖主义袭击。

---

① 《耶稣受难日协议》又称《贝尔法斯特协议》，由英国和爱尔兰政府在 1998 年 4 月 10 日签署，结束了北爱尔兰长达 30 年的暴力冲突。

散落在街边的残骸来自哈洛德百货公司和引发爆炸的奥斯汀牌汽车，此外还有购物者的圣诞礼物。哈洛德百货公司在三日之后重新开张，发誓说他们不会被恐怖主义打倒。

英国黄金最大劫案

　　1983 年 11 月 26 日，六名戴着蒙面头套的持械劫匪进入伦敦希思罗机场（Heathrow Airport）的一间仓库，他们发现自己撞了大运。这些劫匪原本期望从布林克斯 - 马特（Brink's-Mat）安保公司盗取 300 万英镑的现金，却发现了 7000 根金条被分装在 70 个纸箱中，其价值约 2600 万英镑（相当于今天的 8000 万英镑）。他们进入仓库的过程非常轻松，因为有一名安保人员向他们透露了有关那笔现金的消息，甚至还打开了仓库的大门，向他们指出携带钥匙并知道保险库和三个保险箱密码的两名守卫。

　　如何将金条运出是个问题。劫匪们开来一辆货车，以装载这堆重量超过三吨的金条。离开时，他们甚至向被绑起来的安保们喊了"圣诞快乐"。真正棘手的事情是卖掉这些金条。因为出售纯金制品太过冒险，于是他们让其他不法分子用铜与黄铜将金条熔炼。大约 1300 万英镑的金条便以这种方式被处理。

　　警方怀疑此案为监守自盗，于是追踪到这名安保人员，他很快便供出了劫匪们的名字。其中一名嫌疑人肯尼斯·诺伊（Kenneth Noye）在探员约翰·福特汉姆（John Fordham）搜查他家花园时将其捅死。他虽然因正当防卫被判无罪，但警方很快在其住所发现了 11 根金条。诺伊因此获刑 14 年，但服刑 7 年后在 1994 年被释放。两年后，他在一场交通事故中撞死了一名汽车司机，最终被判终身监禁。

　　尽管只有两名劫匪被定罪，但据估计有超过 20 名涉案人员在黑道纠纷后遭到谋杀。人们相信，至少还有价值 1000 万英镑的金条被埋在某些花园、农场及其他未知的地点。

> "至少还有 1000 万英镑的金条被埋在某些花园、农场及其他未知的地点。"

多起希思罗劫案

　　2002 年 2 月 11 日，两名劫匪乔装成警察靠近英国航空公司（British Airways）一架来自巴林（Bahrain）的飞机。他们制服了一名正在卸货币的工作人员，抢走了 460 万英镑。这两名身份不明的罪犯从未被抓捕归案，丢失的钞票也没能被寻回。

　　2002 年 3 月 19 日，一群武装分子在航站楼附近抢劫了一辆停靠在安全区域内的货车，他们持刀威胁司机并将其捆绑起来，然后盗走了车中的 260 万美元。此前，这笔现金从来自巴林的航班中被卸下并装进了英国航空公司的货车内。劫匪们将其转移至另一辆英航的载具，而这辆载具后来在伦敦西边的费尔特姆（Feltham）被发现时已经被烧毁。警方在 5 月逮捕了 12 名疑犯，最后有 5 人被定罪，累计获刑 25 年。其中一人是监守自盗的司机，但他声称自己是受害者。

2004 年 2 月 6 日，又一起盗窃发生在希思罗机场的仓库中，有着类似于那场黄金最大劫案的作案方式。一名内线人士让四名劫匪进入孟席斯全球货运（Menzies World Cargo）的仓库，盗取了 175 万英镑的现金。这名内线人士遭到逮捕后指认了其他罪犯，在 2007 年获刑 6 年，但同年就被释放。如今他已改名换姓，与家人一同居住在某个秘密地点。四名劫匪被法官判处 15 年至终身不等的监禁，这是英国 400 年来第一场没有陪审团参与的审判。

上图：在希思罗机场，货车一直是抢劫的首选载具。布林克斯－马特一案中，犯罪团伙开来了他们自己的货车；瑞士空港一案中，一辆货车又被用来撞开仓库。其他劫匪则单纯用偷来的机场货车运送财物。

2004 年 5 月 18 日，8 名劫匪在得到一名内线人士的消息后，试图盗取位于瑞士空港的仓库内价值 3300 万英镑的现金、黄金和珠宝。他们驾驶货车冲入瑞士空港的仓库，用曲棍球球棍和指挥棒威胁守卫与员工。然而，警方一直在关注他们先前的行动，100 多名持械警察在该团伙向货车装载一箱箱黄金时上前将其抓获。8 名劫匪中获刑最高的为 13 年。

人头税暴乱

1989 年，首相玛格丽特·撒切尔的保守党政府通过了一项新的"社区税"（community charge）以代替原先的"房产税"（property rates）制度。新税同年在苏格兰开始实行，一年后在英格兰和威尔士开始实行。这种社区税常常又被称作"人头税"（poll tax），它将课税负担从富人群体转移到了穷人群体身上，因为每个成年人都需支付固定数额的税费，而不是居住在更好地区内的更大、更贵的房子里的人缴纳更多的钱。约 3800 万人要支付这项新的个人税，而此前只有 1400 万人需要支付房产税。环境事务大臣（Secretary of State for the Environment）尼古拉斯·雷德利（Nicholas Ridley）对此总结道："公爵和清洁工都将支付同样数额的税费。"

英国各地因此举行了多场抗议活动。1990 年 3 月 31 日，大约 20 万反对人头税的示威者在伦敦市中心集会，引发的暴乱造成包括 45 名警察在内的 113 人受伤。抗议者在特拉法加广场（Trafalgar Square）将酒瓶、砖块等投掷物砸向警察和警车，一支多达 20 人的骑警队伍将人群包围时也成为攻击对象。这场暴乱于次日的凌晨 3 点才平息下来，在此之前共有 491 人遭到逮捕，财产损失相当惨重。

尽管动乱不断爆发、许多民众拒绝交税，但撒切尔依然是人头税的狂热支持者。在 1990 年 8 月之前，仍有 27% 的伦敦人没有支付人头税。保守党的领导者认为撒切尔的行为造成了巨大的政治损害，因此强迫她在 11 月辞职。她的继任者约翰·梅杰在 1992 年废除了这项税制，取而代之的是实行至今的"家庭税"（council tax）。

面对人头税抗议者的暴力行为，许多伦敦警察都缺少盾牌之类的防暴装备。他们利用马匹冲锋并拉起警戒线，但在人数上远不及袭击商店和车辆的抗议者。

伦敦其他现代暴乱

1981 年，一部旨在减少街头犯罪活动的新法律允许警察拦下行人搜身，导致伦敦南部布里克斯顿（Brixton）的黑人居民与警察之间的紧张关系加剧。6 天的时间里有超过 1000 人被拦下搜身，而居民认为有相当比例的黑人受到了警方的针对。在某次逮捕行动的消息传开后，布里克斯顿在 4 月 8 日至 10 日爆发了骚乱，造成 300 多人受伤、145 栋建筑受损，财产损失据估计为 750 万英镑。那年夏天，其他 20 个地区也发生了动荡。

1985 年 9 月 28 日，警方在搜查布里克斯顿的一户人家，寻找一名入室盗窃的嫌疑人时，意外射伤了此人卧床的母亲彻丽·克罗齐（Cherry Groce）。街头动乱很快便爆发，抗议者洗劫了商店，又向汽车扔掷汽油弹。随着暴力蔓延开来，警员基斯·布莱克洛克（Keith Blakelock）被召去伦敦北部托特纳姆（Tottenham）布罗德沃特农场（Broadwater Farm）的庄园保护那里的消防人员。然而，一伙歹徒将布莱克洛克包围，手持匕首和砍刀攻击并杀害了他。这起谋杀案至今未告破。动乱导致大约 50 人受伤、200 人遭到逮捕。彻丽·克罗齐从此残废，在医院中治疗了两年。1987 年，开枪射击她的警官被撤销了刑事指控。

2011 年 8 月 4 日，武装警察在伦敦北部的托特纳姆拦住一辆小型出租车，命令 29 岁的马克·达根（Mark Duggan）下车并将其击杀。伦敦警署的缉毒行动组表示，他们有证据表明来自布罗德沃特农场庄园的达根涉嫌贩毒交易和涉枪犯罪。一名警官坚称自己看见嫌疑人手中有一把枪，于是两次开枪将其击杀。警察在附近发现了一把用袜子裹住、没有开火痕迹的手枪。这场悲剧在城里引发了暴乱，一直持续到 8 月 8 日。人们向警方投掷汽油弹，点燃了两部警车并烧毁了一辆双层巴士。商店和房屋被破坏，造成数百万英镑的损失。8 月 15 日之前，已有 2000 多人被拘留。暴乱也在 6 天内蔓延至英国其他城市，包括伯明翰（Birmingham）、曼彻斯特、利物浦、诺丁汉和布里斯托尔。全国各地共有 5 人死亡、3000 人被逮捕，财产损失估计为 2 亿英镑。2014 年，陪审团认定，警察击毙达根属于合法行为。

斯蒂芬·劳伦斯

1993年4月22日，18岁的黑人男子斯蒂芬·劳伦斯（Stephen Lawrence）在伦敦东南的埃尔特姆（Eltham）与一位朋友等候公交时被一群白人种族主义者包围并刺死。斯蒂芬是一个很有天赋的学生，梦想成为一名建筑师。警方在案件调查与罪犯逮捕方面行动迟缓，引发了其内部对种族主义的批评，也转变了这种办案态度。

1993年5月，南非的纳尔逊·曼德拉（Nelson Mandela）会见了斯蒂芬的父母并表达了对案件的诚挚关心。同月，警方逮捕了五名年轻人并指控其中两人犯下谋杀罪行，但在指认他们的证人被认定不可靠后撤销了指控。斯蒂芬的父母多琳·劳伦斯（Doreen Lawrence）和内维尔·劳伦斯（Neville Lawrence）在1994年提起

"政府就警方处理此案的方式举行了公开听证。"

自诉，但被同样的原因驳回，尽管有一段秘密拍摄于嫌疑人格雷·多布森（Gary Dobson）公寓里的视频显示，四名嫌疑人使用了含种族歧视的语言，还暴力地挥舞着刀具。

1997年一项调查判定，斯蒂芬之死是"由五名年轻人

上图：2011年8月4日，警方在伦敦北部的托特纳姆一次行动中将马克·达根射杀，引发了大规模的暴乱。这次行动是警方参与的"三叉戟行动"（Operation Trident），负责打击伦敦的非洲裔社区与加勒比裔社区的涉枪犯罪活动。

左图：格雷·多布森（左）与大卫·诺里斯（右）谋杀斯蒂芬的罪名成立，但此定罪结果用了 18 年才根据 DNA 证据确定。这起谋杀案至今没有结案。

无端发动种族主义袭击"导致的非法谋杀。次年，政府就警方处理此案的方式举行了公开听证，而警局局长保罗·康登爵士（Sir Paul Condon）承认了他们犯下的错误并向劳伦斯一家致歉。1999 年，一份由威廉·麦克弗森爵士（Sir William Macpherson）撰写的官方报告指控警方存在"制度化种族主义"，报告中又为改善种族态度提出了 70 条建议。2009 年的另一份报告称，警方在打击内部的种族主义方面取得了显著成效。

2010 年，谋杀案的疑犯之一格雷·多布森因参与贩卖价值 35 万英镑的印度大麻而入狱服刑五年。2011 年 11 月 14 日，他与大卫·诺里斯（David Norris）因谋杀斯蒂芬接受审判；基于他们衣服上发现的受害人 DNA 证据，二人在 2012 年 1 月 3 日获罪，均被判处终身监禁。其他疑犯仍在追捕中，如被认为逃去了西班牙的杰米·埃科特（Jamie Acourt）。2016 年 3 月，警方发布了一张效果增强后的闭路电视图像，在上面发现犯罪现场附近有一名可能的目击证人。

2008 年，多琳·劳伦斯出资 1000 万英镑开办了一家建筑中心以纪念她的儿子。该中心位于伦敦东南部的德普特福德（Deptford），旨在为弱势群体中的年轻人提供更多机会。

死亡来敲门

吉尔·丹多（Jill Dando）是英国最受观众喜爱的电视节目主持人和新闻记者之一。她受雇于英国广播公司，与别人共同主持了一档名为《犯罪观察》（Crimewatch）的电视节目。该节目描述真实的犯罪案件，并向知道任何相关信息的公众寻求帮助。

1999 年 4 月 26 日上午 11 点 32 分，丹多在伦敦西区的富勒姆（Fulham）打开自家前门时，一名男子走上前来。他从背后抓住丹多并强迫她蹲下，接着一枪射中了她的头部。然后，这名男子沿丹多居住的街道逃离，只有一位邻居看见凶手是个 40 岁左右的白人男性。

有人猜测是某个或者某些因为《犯罪观察》锒铛入狱的罪犯前来寻仇，而这场谋杀似乎是职业杀手所为，没有留下任何线索。另一种说法认为凶手是来自塞尔维亚的杀手，因为几周前丹多曾在电视上为科索沃的阿尔巴尼亚难民 ① 发声。

2000 年 5 月，居住地距离丹多家大约半英里的巴里·乔治（Barry George）被警方逮捕。他会在女性回家的路上跟踪她们，并拍下数千张照片。7 月，乔治的谋杀罪名成立，被判终身监禁，在他外套口袋深处的一点枪支残留物是唯一直接的定罪证据。而这点在一场听证会上遭到了质疑，48 岁的乔治也在 2008 年 8 月 1 日的刑事再审中被撤销了谋杀指控，因为警方从未查获到武器，也从未发现目击证人或作案动机。

上图：吉尔·丹多的谋杀案至今没有破获。那个周一的早晨，她才刚刚度过周末，从未婚夫艾伦法辛医生（Dr Alan Farthing）位于伦敦奇斯威克（Chiswick）的家中返回。

---

① 科索沃是原南斯拉夫联盟塞尔维亚共和国的一个自治省，但其人口中 90% 都是阿尔巴尼亚人。他们以建立独立国家为目标发起了民族主义运动，却受到其主权国家塞尔维亚的镇压。民族矛盾日益激化，外部力量不断推动，最终导致了 1999 年的科索沃战争。

已被囚禁八年的乔治没有获得赔偿，因为审判并未"排除合理怀疑"证明他没有实施谋杀。丹多一案至今未结。

2005 年恐怖主义爆炸袭击

英国最严重的一起独立恐怖主义袭击事件中，四名自杀式袭击者背着装有炸药的帆布背包引发爆炸，导致 52 人死亡、数百人受伤。这场悲剧发生在 2005 年 7 月 7 日，通常被称作"7·7 爆炸案"。就在前一天，伦敦获得了 2012 年夏季奥运会的主办权。

三枚炸弹正好于当天 8 点 50 分之前在早晨的地铁车厢中爆炸。彼时，所有列车都已离开国王十字车站（King's Cross）。该恐怖组织的领导人，30 岁的穆罕默德·西迪克·汗（Mohammad Sidique Khan）在埃奇韦尔路（Edgware Road）地铁站引爆了炸弹，杀死了 6 名乘客；22 岁的谢赫扎德·坦维尔（Shehzad Tanweer）在利物浦与阿尔德门两站之间引爆了炸弹，造成 7 人死亡。最致命的第三枚炸弹由杰曼·林赛（Germaine Lindsay）携带，在列车离开国王十字车站时爆炸，26 人因

上图：受到袭击后的埃奇韦尔路地铁站，一名男子正在帮助受伤的女子。医生和路人赶去救助伤者和惊魂未定的人们。在验尸官的询问下，共有 497 名幸存者讲述了他们的经历。

上图：第四枚也是最后一枚炸弹的爆炸，造成塔维斯托克广场一辆 30 路双层巴士上的 13 人死亡。巴士司机乔治·帕萨拉达基斯（George Psaradakis）帮忙救出受伤人员，称自己对他们的情况震惊万分，不知所措。

此丧生。

在地铁爆炸过去大约一小时后，18 岁的哈西卜·侯赛因（Hasib Hussain）在塔维斯托克广场（Tavistock Square）的一辆 30 路双层巴士上引爆了炸弹，造成 13 人死亡。事故发生在英国医学协会（British Medical Association）的总部前，数十名医生迅速赶到现场实施抢救。

2009 年 7 月 7 日，一块由 52 根不锈钢柱组成的永久性纪念碑在海德公园揭幕，以缅怀那些名字被单独刻在一块牌匾上的遇难者。

"2009 年 7 月 7 日，一块由 52 根不锈钢柱组成的永久性纪念碑在海德公园揭幕。"

李·里格比

伦敦最骇人听闻的恐怖主义谋杀案发生在 2013 年 5 月 22 日，现役英国士兵李·里格比（Lee Rigby）在他位于伍尔维奇（Woolwich）军营和一所学校附近的大街上遭遇了疯狂的袭击，被人用匕首和劈刀杀害。里格比是入伍七年的老兵，曾

上图：人们在李·里格比遇害的街道上摆满鲜花表达哀悼之情。他的名字也与该地区另外 10 名服役人员和普通市民的名字一起，被刻在其军营附近圣乔治教堂中的一块石板上。

在阿富汗服役。他的死亡惨状被人拍摄下来并公布在电视上。凶手是两名伊斯兰狂热分子：28 岁的迈克尔·阿德波拉杰（Michael Adebolajo）和 22

> "他的死亡惨状被人拍摄下来并公布在了电视上。"

岁的迈克尔·阿德波瓦勒（Michael Adebowale），也正是后者先开车将里格比撞倒。杀死里格比后，他们又在行人面前将其斩首，其中一个还咆哮这么做的原因是同胞每天都在被英国士兵杀害。此人还补充说："你和你的孩子将是下一个。"他们没有逃跑，而是摆出姿势拍摄照片。其中一人还递给旁观者一份两页的留言，上面写明了他袭击的理由。一名勇敢的路人英格丽德·卢瓦约 - 肯尼特（Ingrid Loyau-Kennett）见此情景怒火中烧，她走向手持刀具的袭击者，命令他将武器交给她。当袭击者告诉英格丽德他们要在伦敦发动一场战争时，她回答说："你们会输的，因为你们会对抗许多人。"赶到现场后，警方射伤了冲过来的二人。2014 年 2 月 26 日，两名恐怖分子受审并获罪，均被判处终身监禁。

放射性物质暗杀

前俄罗斯间谍亚历山大·利特维年科（Alexander Litvinenko）逃亡伦敦后成为克里姆林宫的激烈批评者，最终他在 2006 年死于放射性元素钋 -210，时年 44

"他在弥留之际将中毒怪罪于俄罗斯总统弗拉基米尔·普京。"

岁。据说，这种毒药是由另一名前俄罗斯特工向他茶里加入的。

利特维年科曾是俄罗斯联邦安全局（Federal Security Service，FSB）的官员，该机构的前身是他于1988年加入的旧间谍组织克格勃。2000年，利特维年科逃到伦敦加入了英国情报机构军情六处（MI6），六年后成为英国公民。2006年11月1日，他在伦敦千禧酒店（Millennium Hotel）与安德烈·卢戈沃伊（Andrei Lugovoi）和迪米特里·科夫图恩（Dmitri Kovtun）这两名前俄罗斯间谍共同喝茶。当晚，利特维年科感到身体不适，三天后由伦敦北部的巴尼特总医院（Barnet General Hospital）收治。11月17日，他的病情恶化，接着被转移至伦敦市中心的伦敦大学学院附属医院（University College Hospital），于六天之后不治身亡。他告诉警方："我其实知道他们想要我死。"

据利特维年科的遗孀玛利亚所言，他在弥留之际将中毒怪罪于俄罗斯总统弗拉基米尔·普京（Vladimir Putin）。普京是他在克格勃时的上司，而两人在利特维年科抱怨机构的腐败问题时发生了争执。1998年，利特维年科因曝光了克格勃杀害某位俄罗斯大亨的密谋而遭到逮捕，入狱九个月后被无罪释放并离开了特工部门。

2007年，英国检察长裁定安德烈·卢戈沃伊应当受到暗杀指控，但俄方拒绝将其引渡。2015年1月，英国政府发起的一项调查认为，这起谋杀可能得到了普京的批准。

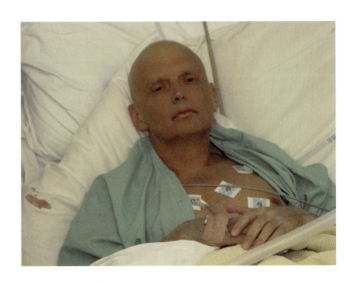

右图：生命垂危之际，亚历山大·利特维年科在他人的帮助下给俄罗斯总统普京写了一封信，上面说："普京先生，在你的余生中，来自全世界的抗议怒号都将回荡在你的耳边。"

哈顿公园劫案

英国历史上最大的入室盗窃案发生在 2015 年 4 月 2 日至 5 日。这个复活节的周末，一个 4 到 6 人组成的犯罪团伙闯入了伦敦卡姆登区哈顿花园保险箱公司（Hatton Garden Safe Deposit）的金库。这个金库被珠宝商用作储藏室，而劫匪们偷走了价值大约 1400 万英镑的珠宝、现金等贵重物品。破解金库大门需要一番功夫与精妙的开锁技能，而这个团伙在水泥墙上钻开一个小洞绕过了加固的金属门，然后强行打开了 999 个保险箱中的 72 个。劫匪们作案时触发了警报，但警方却忽视了它。警方在 4 月 7 日获悉这场劫案，却没有在建筑外找到任何强行闯入的迹象。实际上，这个团伙将一部电梯关停，然后顺着竖井爬进了地下室的金库。

警方查看并梳理了上千小时的监控录像，同时也搜集了 DNA、指纹、手机通话记录与汽车牌照之类的证据。最终，因这个犯罪团伙的带头者在一家酒吧吹嘘这起盗窃而遭到逮捕。警方共抓获 7 名涉案者，而令他们感到惊讶的是，这几人的平均年龄达到了 63 岁。年纪最大的布莱恩·里德尔（Brian Reader）已有 76 岁，当时是凭一张免费的老年公交卡前往犯罪现场的。报纸将他们描述为"钻石老头"（Diamond Geezers）和"坏蛋爷爷"（Bad Grandpas）。苏格兰场的彼得·斯宾德勒（Peter Spindler）则称之为"行动于数字世界的模拟罪犯"。一个只知道名或姓为"巴兹尔"（Basil）的男子被监控探头拍到头戴红色假发，但他还未曾落网。

2016 年 3 月 9 日，四名劫匪被判七年监禁、一人被判六年。价值约 1000 万英镑的珠宝至今未能寻回，但在某座公墓的墓碑下发现了一些被埋葬的失物。

今日伦敦

伦敦的悠久历史见证了这座城市长期存在、层出不穷的问题与暴力，又因其在世界上的领导作用而备受瞩目。来自大英帝国与英联邦各地的民族入侵与和平涌入带来了丰富的文化，他们相互竞争又携手并肩地化解了彼此之间的差异。军事、宗教和政治上的暴力冲突已是英国在建立过程中的遥远记忆。如今，君王剪断彩带而非砍下头颅，伦敦市民赶去促销而非奔往刑场。问题虽一如既往地存在，但伦敦市民的坚韧不拔与豁达乐观，定能让这座备受热爱的古城拥有一个成功而鼓舞人心的未来。

图书在版编目（CIP）数据

伦敦血色历史/（英）约翰·莱特著；张潇月译. —广州：广东人民出版社，2024.7
ISBN 978-7-218-17530-0

Ⅰ．①伦…　Ⅱ．①约…　②张…　Ⅲ．①城市—社会生活—历史—伦敦　Ⅳ．①D756.183

中国国家版本馆CIP数据核字（2024）第082635号

LUNDUN XUESE LISHI
伦敦血色历史

［英］约翰·莱特　著　张潇月　译

版权所有　翻印必究

出 版 人：肖风华

责任编辑：陈泽洪　胡吕乔
责任技编：吴彦斌　马　健

出版发行：广东人民出版社
地　　址：广州市越秀区大沙头四马路10号（邮政编码：510199）
电　　话：（020）85716809（总编室）
传　　真：（020）83289585
网　　址：http://www.gdpph.com
印　　刷：北京中科印刷有限公司
开　　本：710毫米 × 1000毫米　　1/16
印　　张：17.25　　字　　数：286千
版　　次：2024年7月第1版
印　　次：2024年7月第1次印刷
定　　价：78.00元

如发现印装质量问题，影响阅读，请与出版社（020-87712513）联系调换。
售书热线：（020）87717307

出品人：许 永
出版统筹：林园林
责任编辑：陈泽洪
　　　　　胡吕乔
特邀编辑：尹 璐
封面设计：墨 非
内文制作：张晓琳
印制总监：蒋 波
发行总监：田峰峥

发　　行：北京创美汇品图书有限公司
发行热线：010-59799930
投稿信箱：cmsdbj@163.com

创美工厂
官方微博

创美工厂
微信公众号

小美读书会
公众号

小美读书会
读者群